리크루터의 채용 실무 가이드

리크루터의 채용 실무 가이드 :
현업 HR 인사 담당자, 리크루터, 취업 준비생을 위한 채용 프로세스 안내서

초판 1쇄 2023년 5월 23일
    2쇄 2024년 5월 17일

지은이 박하늘·전민아
발행인 한창훈
발행처 루비페이퍼

등록 2013년 11월 6일 제 385-2013-000053 호
주소 경기도 부천시 원미구 길주로 252 1804호
전화 032 322 6754
팩스 031 8039 4526
홈페이지 www.RubyPaper.co.kr
ISBN 979-11-93083-01-7
바코드 9791193083017 13320

편집 강민철
디자인 이대범

이 책은 저작권법에 따라 보호받는 저작물이므로 무단 전재와 무단 복제를 금하며, 이 책 내용의 전부 또는 일부를 이용하려면 저작권자와 루비페이퍼의 서면 동의를 받아야 합니다.
책값은 뒤표지에 있습니다.
잘못된 책은 구입하신 곳에서 바꾸어 드립니다.

현업 HR 인사 담당자,
리크루터,
취업 준비생을 위한
채용 프로세스 안내서

리크루터의
채용 실무 가이드

박하늘 × 전민아

10년 차 현직자가 알려주는
일 잘하는 채용 담당자로
커리어 시작하기

루비페이퍼

프롤로그

이제 막 채용을 시작하는
리크루터를 응원하며

"채용 담당자로 커리어를 시작하려면 무엇부터 해야 하나요?"
"일을 더 잘하는 채용 담당자가 되기 위해서는 어떠한 공부를 해야 하나요?"
"다른 회사는 채용이 잘 되는 것 같은데 왜 우리는 채용이 어려울까요?"
"채용 담당자의 커리어 패스는 어떻게 되나요?"

   채용 담당자로 일하고 강의를 진행하며 많이 받았던 질문입니다. 요즘엔 채용 담당자가 매우 많아졌음에도 관련 정보를 찾기는 여전히 어렵기 때문이라 생각합니다.
   저 역시 처음에 채용 일을 시작하면서 궁금한 점이 참 많았는데 정보를 얻기가 쉽지 않았습니다. 기본적인 업무 범위를 정리한 자료조차 구하기 어려웠죠. 그래서 오래전부터 쌓인 수백 개의 채용 레퍼런스를 찾고, 좋은 아티클을 모으는 프로젝트를 시작하게 되었습니다. 보수적인 인사 업무의 특성상 업계에서 채용 관련 정보를 공유하는데 소극적이다 보니 개발자, 마케터, 디자이너와 같이 활발하게 의견을 주고받고 관련 정보를 모아두기 위해 시작한 프로젝트였습니다.

시간이 지나며 자연스럽게 채용 업무에 대해 더 깊이 생각하게 되었고, 나아가 정보의 카테고리도 생겨났습니다. 채용이란 업무가 얼마나 다양한 영역에서 각기 다른 스킬을 요구하는 전략적인 영역인지 이해하고, 그래서 얼마나 재미있고 매력적인 일인지에 대해 공감하는 분들이 함께 모여 채용 담당자의 연대도 만들어졌죠.

이 프로젝트는 원래 책을 쓰기 위해 시작한 것이 아니었습니다. 그래서 이 정보들로 책을 집필하기로 결정했을 때 어떤 독자에게 닿을지에 대해 참 많이 생각했습니다. 그리고 이들에게 어떤 정보가 의미 있을지에 대해서도 고민을 많이 했고요.

채용 업무를 시작하기로 결심했거나 이미 업무를 시작하는 사람이라면, 남들보다 조금 더 열정적이고, 전략적이고, 새로운 시도를 겁내지 않으며, 영향력을 발휘하고 싶은 사람일 것입니다. 앞으로 더 나아가기 위해 고군분투하고 스스로 끊임없이 물음표를 던지는 사람들에게 이 책이 채용의 구조와 업무를 이해하는 데 첫 단추가 되길 바라는 마음으로 책을 씁니다.

채용 업무에는 이해관계자가 많고 환경을 통제하기도 어려운 데다 시장 흐름의 영향을 고스란히 받는 영역이기에 채용은 정답이 없습니다. 그럼에도 채용 담당자, 리크루터가 되길 결정하셨다면, 참 잘하셨다고 말씀드리고 싶어요. 누군가의 삶을 변화시키는 데 내가 큰 역할을 한다는 뿌듯함, 내 손으로 만든 브랜딩의 결과물이 세상에 공개될 때의 벅참과 함께 시시각각 바뀌는 환경의 맨 앞단에서 시장 흐름의 파도를 타는 짜릿함을 누리며 재미있게 일할 수 있으니까요.

이 책에 담긴 내용이 당신의 고민의 시간을 조금이라도 줄여주는 레퍼런스가 되었으면 좋겠습니다. 같은 일을 하는 동료이자 같은 고민을 나눌 수 있는 동료로 곧 만나길 바라며 응원합니다.

감사합니다.

박하늘·전민아 드림

차례

프롤로그   이제 막 채용을 시작하는 리크루터를 응원하며   4

part 1
리 크 루 터 는   이 렇 게   일 합 니 다

1 리크루터는 무슨 일을 하나요?
12

채용의 변화	14
리크루터의 역할	20
사례) 구글 소싱 전문가 직무 기술서	26
사례) 어도비 채용 담당자의 역할 변화 사례	31

2 리크루터라면 반드시 알아야 할 채용 프로세스
32

채용의 시작	34
스크리닝과 서류 심사	45
인터뷰 디자인	48
사례) 아마존의 행동 사건 면접(BEI)과 STAR 기법	54
후보자 협의 과정	63
사례) SWAN 공식	64
사례) 인터뷰 돌발 상황	77

3 다이렉트 소싱 간단 정복
80

다이렉트 소싱 이해하기	81
후보자를 찾는 검색 요령	89
컨택 방법과 전략	93
우리 회사 셀링하기	98

part 2

리크루터는 사람만 잘 모으면 된다?

4 가족보다 더 자주 만나는 사람들: 후보자와 현업 담당자 106

- 타깃 후보자 정의하기 107
- 이직에 수동적인 후보자 대처 방법 109
- 현업, 하이어링 매니저 이해하기 115
- 사례) 현업과의 킥오프 미팅에서 다뤄야 할 것들 121

5 경험으로 가치를 만드는 시대, 후보자 경험 122

- 후보자 여정 설계 125
- 후보자 경험 설계 131
- 사례) 후보자 경험을 최우선으로, 에어비앤비 140
- 사례) 버진 미디어의 사례 145

6 개발자 채용은 다른가요? 146

- 개발자 채용을 담당하는 테크 리크루터 147
- 사례) 텐센트의 인재 선점 151
- 사례) 이팸의 자유로운 업무 제도 152
- 테크 리크루터라면 알아야 할 것들 153
- 개발자 이해하기 159
- 테크 직군 채용 프로세스 165
- 테크 채용 관련 이벤트 172

part 3

요즘 리크루터의 채용 전략

7 효과적인 채용 채널 찾기 178

- 직무에 적합한 채용 채널 선택하기 181
- 서치펌과 협력하기 187
- 사내외 추천 독려하기 193
- 사내 공모 진행하기 198

8 채용 브랜딩 204

- 직원 가치 제안이 무엇인가요? 205
- 채용 브랜딩의 목적과 좋은 콘텐츠의 조건 208

	임플로이언서 활용하기	213
	사례) 임플로이언서 사례	215
	채용 이벤트 기획하기	217
	사례) 독특한 채용 이벤트 사례	219

9 다양한 채용 사례
222

CEO를 적극적으로 활용한 해외 사례	223
신입 인재 풀 관리 사례	227

part 3
성장하는 리크루터의 역량

10 체계적인 채용을 위한 데이터 및 성과 관리
234

채용 KPI	235
데이터 기반 리크루팅(Data-Driven Recruiting)	241
사례) 채용 데이터를 이용한 사례	244

11 리크루터의 성장
246

리크루터에게 필요한 자질	247
'우리는 리크루터인가요?' 스스로 점검하기	252
일 잘하는 리크루터들의 역량 훔쳐보기	253
채용 담당자의 커리어 패스	256

인터뷰

우리가 기대하는 채용 시장	260

recruiter

PART

1

리크루터는

이 렇 게

일 합 니 다

1

리크루터는 무슨 일을 하나요?

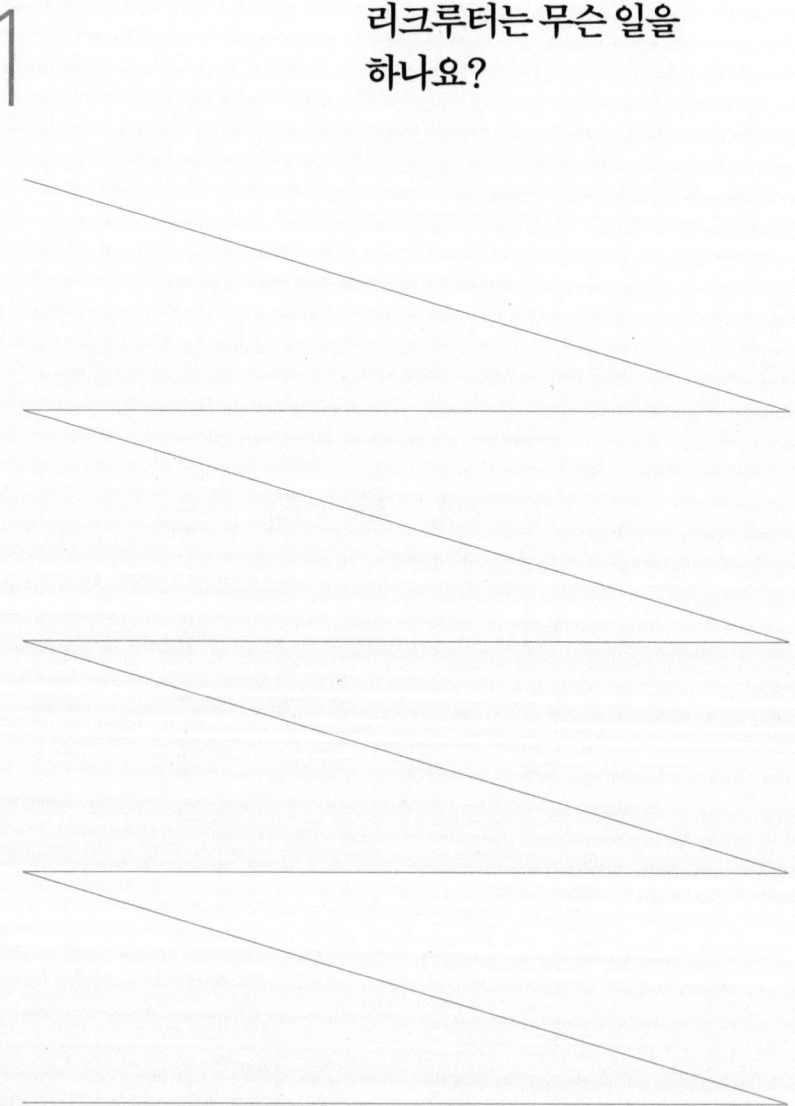

회사에서 꼭 필요한 직무를 꼽자면 어떤 것이 있을까요? 누군가는 영업, 누군가는 개발, 또 누군가는 마케팅을 떠올릴 수 있습니다. 사실 어떤 직무든 회사의 이윤을 추구하는 목적을 위해서 꼭 필요합니다. 그런데 우리는 그 어떤 직무보다 앞서 채용 담당자가 필요하다고 자신 있게 말할 수 있습니다. 회사에 있는 모든 직무는 '채용'이라는 과정을 거쳐 인원을 충원하기 때문이죠. 회사의 형태와 규모에 따라 CEO 혹은 실무자가 채용 담당자 역할을 수행할 수도 있지만, 어떤 회사든 이 '채용'이라는 일을 담당하는 사람이 있기 마련입니다. 회사는 결국 일할 사람이 필요하니까요.

채용은 어느 직무나 부서에 속하는 일일까요? 직원 뽑는 일을 하지 않는 사람에게 묻더라도 대부분은 "인사팀에서 하는 거 아니야?"라고 답할 겁니다. 인사(人事)의 기능에는 채용, 평가, 보상, 교육, 조직관리 등 다양한 기능이 있는데, 채용은 그중 하나이니까요. 오늘날에는 채용의 중요도와 우선순위가 높아지며 자연스럽게 채용 업무가 점점 더 세분화되고 고도화되고 있는데요. 그러다 보니 여전히 채용은 인사 관련 직무와 유기적인 관계를 맺고 있지만, 독립적인 업무 영역으로서 존재감을 드러내고 있습니다. 기업 내부의 채용 업무만 놓고도 다룰 이야기가 너무나 많지만, 여기서는 채용 담당자, 리크루터의 채용 업무에 관해서만 이야기해보려고 합니다.

채 용 의 변 화

사전에서는 채용을 뜻하는 영어 단어 'recruit'를 이렇게 정의하고 있습니다.

recruit: [rɪˈkruːt]
① 신입 사원, 회원, 신병 등을 **모집하다**[뽑다]
② 특히 자기를 도와 달라고 남을 **설득하다**
③ 새로운 인물들을 설득하여 군대, 팀 등을 **구성하다**[꾸리다]

위 세 가지 정의는 비슷한 듯 서로 다른 의미를 담고 있습니다. 단순히 신입 사원을 뽑는다는 의미에서 출발하여, 다른 사람을 설득하고, 조직을 구성하는 일까지 의미가 확장되죠. 이 일에 관심을 두고 지금 이 책을 보는 분이라면 '채용' 업무의 범위가 넓어지는 흐름을 읽고 있을 가능성이 높습니다. 이처럼 채용은 좋은 인재를 직접 발굴하고 영입하는 역할로 점차 변화하고 있습니다.

잠깐 과거 이야기를 해보겠습니다. 저는 채용 담당자로 커리어를 시작했는데요. 어제까지 취업준비생이었는데, 하루 만에 채용 담당자가 되었으니 얼마나 큰 기대를 가지고 출근했는지 모릅니다. 그런데 실제 업무에 들어가니 제가 할 일은 기대와 달랐습니다. 당시 채용 업무는 인사 업무의 일부로서, 연간 계획한 인력 계획, 즉 TO^{Table of}

Organization를 채우는 역할로 정의되어 있었습니다. 들어오는 이력서를 검토하고 면접을 관리하여 후보자를 최종 입사시키는 '운영' 형태의 업무 방식이 90% 이상이었죠. 그때의 업무를 간단하게 정리해볼까요?

① 채용이 필요한 포지션의 모집 공고를 만들고 외부 채널에 게시한다.
② 적합한 후보자가 지원하기를 기다린다.
③ 서류 검토 및 면접 등 검증 과정을 진행하는 동안 프로세스를 관리한다.
④ 지원부터 입사까지 전 단계에서 후보자의 문의에 대응 및 안내한다.

취업을 준비할 때는 채용 업무가 그저 멋지게만 보였는데, 막상 실무에서 일하니 '이 일이 생각보다 수동적이구나'라고 느껴졌습니다. 때마침 반갑게도 채용의 개념이 빠르게 변화했습니다. 필요 인력을 '채워 넣는' 역할에 그치지 않고 좋은 인재를 '직접 발굴하고 영입하는' 역할로 말이죠. 그리고 인재를 더 잘 발굴해서 영입하는 방법들이 무수히 쏟아지기 시작했습니다. 이제 채용은 프로젝트를 기획하는 등 전략적인 사고가 필요한 적극적인 업무가 되었습니다. 그럼 단순히 채용 담당자의 일과 역할만 변화한 것일까요? 아닙니다. 채용 시장 전반에서 변화가 일어났습니다. 채용 담당 업무를 경험해보지 않았더라도 회사 생활을 하고 있는 사람이라면 회사에서 '채용'에 대한 분위기가 사뭇 달라졌다는 것을 실감할 거예요.

우리 모두가 한 번쯤은 경험해봤던 이력서 준비, 제출, 면접 등 구직 과정은 어떤 기억으로 남아 있나요? 제가 취업준비생일 때 경험을 떠올려보면 이렇습니다. 지원하고 싶은 회사가 요구하는 양식에 맞는 지원서와 자기소개서를 오랫동안 작성하고 제출합니다. 언제 올지 모르는 지원 결과를 하염없이 기다리며 초조해하다가 '합격' 또는 '불합격'이라는 결과를 받게 되죠. 합격한 경우라면 서류 전형에 붙은 기쁨도 잠시, 바로 면접을 준비해야 합니다. 면접에서 어떤 부분에 중점을 두고 준비해야 할지도 모르겠고 내가 지원한 포지션이 구체적으로 어떤 일을 하는 직무인지 잘 모르는 상태에서 면접을 보러 오라고 하니 두렵고 긴장할 수밖에 없습니다. 면접 당일, 경직된 분위기 속에서 면접을 진행하는데, 어떤 면접관은 압박적인 질문을 하고, 다른 옆 면접관은 대놓고 내가 마음에 들지 않는다는 표정을 보이는 경우도 여러 번 있었습니다. 면접을 마치고 '아, 탈락이구나' 하는 직감은 슬프게도 틀린 적이 거의 없었죠. 면접에 대한 피드백이나 이후 진행 상황이 어떻게 되는지도 듣지 못한 채, 면접을 본 지 일주일 뒤 이메일로 탈락 통보를 받으면, 내가 무엇이 부족하고, 어떤 부분이 내가 지원한 회사와 맞지 않았는지도 알지 못한 채 이 회사와의 인연은 끝납니다. 취업이나 이직을 준비해보았다면 누구나 한 번쯤 이런 과정을 겪어봤을 겁니다. 물론 긍정적인 경험을 준 회사도 많지만, 답답하고 힘든 채용 과정 때문에 마음에 상처를 입은 경험은 더욱 뚜렷하게 기억에 남습니다.

이처럼 예전에는 채용 과정을 철저하게 기업만의 입장에서 진행했고, 지원자의 상황과 입장을 크게 고려하지 않은 부분이 너무나도 많았던 것이 사실입니다. 하지만 다행히도 이제는 상황이 180도 바뀌고 있습니다. 요즘 기업은 후보자의 지원 경험을 고려하고, 후보자에게 최대한 많은 정보를 제공하며, 이메일이나 전화로 일방적인 '통보'만 하는 대신 후보자와 쌍방향으로 커뮤니케이션을 하며, 채용 시장에서 우리 회사의 매력 요소를 찾아 끊임없이 알리고, 좋은 후보자가 있는 곳이라면 발 벗고 찾아 나서고 있습니다.

그렇다면 이토록 딱딱하고 차가웠던 채용 과정은 왜 후보자 관점에 맞춰 능동적이고 배려 깊은 방식으로 변화했을까요? 특히 조직 구성원 모두를 관리해야 하는 회사의 인사 업무는 자체 규율이나 방침을 철저히 지켜야 해 쉽사리 업무 성격을 바꾸기 어려울 텐데 말이죠. 보수적인 인사 업무에서 채용의 기능이 굉장히 능동적으로 변화한 이유는 채용이 회사의 성패를 좌우할 만큼 중요해졌기 때문입니다. 조금 더 시대적인 배경을 살펴볼까요? 1980년 경제 호황기에는 구직자가 취업을 크게 걱정할 필요가 없을 정도로 일자리가 많았고, 기업 입장에서도 일할 사람이 많았기 때문에 지원서가 들어오지 않는 것을 걱정할 이유가 없었습니다.

1980년 후반에 경제적 과도기에 접어들면서 많은 기업이 사라지고 기업에서는 꼭 필요한 인재만 꾸려 회사를 운영하기를 희망하게 되었습니다. 이 시기에 컨설턴트가 고급 인력을 스카웃하는 헤드헌팅이라는 개념이 생기고, 헤드헌터가 인력을 매칭하는 회사인 서치펌Search Firm이 활성화되었으며, 리크루터Recruiter라는 직무가 생겼습니다.

1990년대 후반부터는 인사 채용 영역에서 TATalent Acquisition라는 용어가 사용되었는데, TA에서 말하는 '탤런트Talent'란 상위 1%의 특출난 역량을 가진 인재라기보다는 회사의 직무 요건에 적합한 사람을 의미했죠. 리크루터도 타깃 인재를 더욱 넓게 보게 된 것입니다.

2020년부터는 '인재 전쟁Talent War'이라고 불리는 시기가 오며 인재 채용 열풍이 대두됩니다. 많은 회사가 '연봉 x배 인상', '억대 스톡옵션 지급', '입사 축하 보너스 지급' 등 좋은 인력을 '모시기' 위한 전략을 꺼내 들었습니다.

이런 움직임은 한국뿐 아니라 전 세계 기업에서도 마찬가지입니다. 샤오미Xiaomi는 2023년 첫 전기차 출시를 목표로 전기차 사업 진출을 선언한 지 약 4개월 만에 두 차례의 채용 공고를 내며 인재 확보에 주력했습니다. 샤오미의 레이쥔 회장은 자신이 직접 웨이보에 모집 공고를 게시하여 눈길을 끌기도 했는데요. 일부 포지션은 월급으로 1,080만 원을 제시하는 등 파격적인 수준으로 중국 자동차 업계 인력 이동을 가속화하는 전략을 펼쳤습니다. 2021년에 샤오미자동차는 2만 개가 넘는 이력서를 검토한 끝에 약 300명에 달하는 인력을 채용했다고 밝힌 바도 있습니다.

수요는 넘치나 공급은 모자란 채용 시장에서 기업들은 너도나도 훌

룡한 인재를 선점하기 위해 후보자의 눈높이에 맞춘 채용을 진행하며 인사 채용의 성격이 적극적이고 공격적으로 변화되기 시작했습니다. 이제 좋은 인재를 '모셔 오는' 직무는 기업의 인사 채용 담당자가 아닌 리크루터의 주요 역할로 넘어가게 됩니다.

무려 500명의 채용을 예고한
샤오미의 채용 공고

리크루터의 역할

회사의 인사 채용 담당자가 수동적인 운영 역할에 중점을 두는 데 반해, 리크루터의 역할은 더 능동적입니다. 필요한 인원을 모집하기 위해 주도적으로 전략을 짜고 실행하는 역할이기 때문이죠. 리크루터의 업무 방식과 형태를 한번 살펴볼까요? 채용 수요가 발생하면 리크루터는 현업 부서 혹은 팀과 협업하여 채용하려는 후보자의 자격 요건이나 해당 포지션으로 지원을 유도하는 여러 가지 포인트를 정리해 전략을 세웁니다. 모집 공고를 업로드하며, 여러 채용 채널(채용 포털 사이트, 플랫폼 등)을 통해 후보자를 찾거나, 대내외적으로 적합한 후보자를 추천받기도 합니다. 더 많은 후보자가 지원할 수 있도록 채용 브랜딩과 마케팅 전략도 구축하죠. 전체 채용 과정에서 후보자가 만족할 수 있는 경험을 선사하기 위한 여러 가지 장치를 기획하고 구축합니다.

리크루터라는 직무가 구체화된 지 채 10년이 되지 않았는데도 이미 많은 기업에서 리크루팅의 역할을 세분화한 직무(리크루터, 테크 리크루터, 소서, 코디네이터 등)가 생겨나 채용 시장에서 활발하게 활동하고 있습니다.

리크루팅의 주요 이해관계자

리크루팅과 관련된 세 가지 분류의 이해관계자를

살펴보자면 ① 후보자, ② 현업 담당자 Hiring Manager ③ 리크루팅(인사) 조직이 있습니다. 리크루터는 이들과 항상 연결되어 지속적으로 피드백을 주고받죠.

1 후보자

후보자는 채용 프로세스에 들어온 모든 지원자를 뜻하며, 상황에 따라서는 지원을 망설이고 있는 잠재 지원자, 해당 직무를 수행하고 있는 시장의 모든 대상자를 뜻하기도 합니다.

리크루터는 후보자가 지원 단계부터 면접, 처우 협의, 입사까지 이르는 여정에서 불편함이나 어려움이 없도록 후보자를 지원하고 가이드합니다. 또 후보자가 지원한 포지션이 향후 후보자의 커리어에서 어떤 발전을 가져올지 채용 과정에서 충분히 설명하고 매력적인 후보자 경험을 선사해야 하죠. 후보자가 우리 회사의 채용 프로세스를 경험해본 것만으로도 의미 있고 특별하게 느낄 수 있게 해야 합니다.

2 현업 담당자

인력 채용을 의뢰한 현업 담당자는 리크루터와 협업하여 적시에 알맞은 인재를 채용할 수 있게 해야 합니다. 이때 조직에서 채용을 책임지는 현업 담당자를 하이어링 매니저 Hiring Manager라고 합니다. 이 책에서는 때에 따라 현업 담당자와 하이어링 매니저라는 용어를 같이 사용하겠습니다.

리크루터는 현업에 있는 하이어링 매니저의 니즈Needs와 이슈에 빠르게 대응하고, 채용이 회사의 중장기적 발전에 영향을 준다는 인식을 지속적으로 심어주어 하이어링 매니저의 적극적인 참여를 이끌어야 하죠. 또한 하이어링 매니저와 후보자 사이에서 균형을 유지하며 효율적인 전략을 수행하면서도 긍정적인 후보자 경험을 창출해야 합니다. 하이어링 매니저와 좋은 파트너십을 유지하는 방법에 대해서는 이후에 차차 살펴볼게요.

3 리크루팅 팀

리크루팅 팀 또는 인사 조직에서 리크루터는 구성원 모두가 채용이 고도화된 전략적 영역이라는 인식을 가질 수 있게 해야 합니다. 경험을 토대로 팀 내에서 해결할 이슈를 신속하게 처리하며 공동의 목표를 달성하는 데 도움을 주고 상호 협력적인 관계를 구축하는 것이 중요합니다.

리크루터는 필요한 인원을 모집하기 위해 능동적으로 전략을 짜고 주도적으로 실행합니다. 초기 단계에는 후보자를 직접 찾고 지원을 유도하는 소싱Sourcing 활동을 하는 직무로 시작하여, 점차 기업의 문화나 일하는 방식을 알리는 채용 브랜딩 영역까지 확장되고, 이제는 더욱 효율적인 채용을 위한 전략 및 채용 콘텐츠를 기획하는 전반적인 업무를 수행합니다.

이렇게 리크루터의 역할이 명확해지고 채용 업무가 더욱 고도화되고 있습니다. 그렇기 때문에 요즘 채용 업무 범위에는 제한이 없다고 볼 수 있습니다. 그만큼 채용의 깊이 또한 깊어지고 있다는 방증이기도 하죠. 이와 관련한 세분화된 리크루팅 직무들을 살펴볼까요?

인재를 직접 찾아 나서는 소서

소싱Sourcing이란 '특정한 곳에서 무엇을 얻다'라는 뜻입니다. 리크루팅 영역에서는 이직에 관심이 없는 후보자라도 포지션에 적합한 사람이라면 직접 찾아 나서는 일을 '다이렉트 소싱 Direct Sourcing'이라 하며, 이제는 채용에서 필수적인 업무 범위가 되었습니다. 소서Sourcer는 다이렉트 소싱을 주요 업무로 삼고 있는 역할입니다. 요즘같이 여러 기업에서 너도나도 좋은 인재를 먼저 모시기 위해 고군분투하는 상황에서 소서의 역할이 정말 중요합니다.

소서는 스포츠팀의 스카우터와 비슷한 역할을 합니다. 스포츠팀에는 경기를 우승으로 끌고 갈 수 있는 유능한 선수들을 영입하는 스카우터가 있습니다. 훌륭한 팀 구축은 야심 찬 스카우트(소싱)에서 시작합니다. 영화 <머니볼>의 빌리 빈, 드라마 <스토브리그>의 고세혁 팀장은 유능한 선수들을 찾아 영입하는 스카우터 역할을 합니다. 미국의 스포츠 언론인 레너드 코페트가 "스카우트의 임무는 대중에게 널리 알려진 유명 감독이나 구단 임직원보다 더 막중하다"라고 말한 걸 보면, 인재를 영입하는 소싱은 채용이 기업에만 중요한 업무는 아닌 듯합니다.

다이렉트 소싱의 첫 단계는 시장에 있는 좋은 인재를 조사하고 채용하려는 포지션에 어떤 사람들이 있는지 대략적으로 파악하여 우리 회사에 적합한 외부 인재를 찾고 지원하게끔 유도하는 작업입니다.

소서는 외부 시장 상황을 주의 깊게 관찰하며, 우리 회사에 적합한 인원을 리스트업합니다. 업무 범위는 회사마다 다르지만 기본적으로는 후보자를 찾는 리서치부터 시작하여, 전화나 이메일로 지원을 유도하거나 설득하고, 이직에 적극적이지 않은 후보자를 포함하여 우리 회사에서 채용하려는 포지션에 잘 맞는 후보자가 지원해서 면접을 보게 진행합니다.

기업마다 적합한 인재를 잘 찾고 영입하는 업무가 필수적이다 보니 리크루터가 직접 소싱 업무를 진행하거나, 소서와 긴밀한 관계를 유지하며 협업합니다.

다만 소싱 업무는 결과를 보기까지 시간이 굉장히 오래 걸립니다. 또 중간 과정에서 피드백이 명확하게 들어오는 경우가 많지 않아서 힘들고 지루하기도 한데요. 저는 소싱을 진행하면서 배울 수 있는 것들이 굉장히 많아 일하는 재미를 느꼈습니다. 특정 산업이나 특정 포지션의 후보자를 찾기 위해서 그 포지션이 속한 산업을 조사하며 산업 동향과 트렌드를 파악하며 자연스럽게 공부를 하고, 후보자와 비슷한 경력을 가진 분들을 더 찾다 보면 다양한 후보자와 소통하면서 그 과정에서 유연한 커뮤니케이션 스킬을 키울 수 있습니다. 후보자와 회사 사이에서 서로를 만족시키기 위한 합의점을 찾아가면서 협상 스킬도 익힐 수 있고요. 소싱은 이처럼 채용 담당자에게 필요한 여러 가지 역량과 스킬을 키울 수 있는 매력적인 업무입니다.

넷플릭스Netflix에서는 다이렉트 소싱을 주 업무로 하는 리크루팅 리서처Recruiting Researcher를 두어 운영하고 있고, 구글Google에서는 소싱 전문가Sourcing Specialist를 두어 다음과 같은 역할을 수행하게 합니다. 다음(26쪽)은 구글의 소싱 전문가의 모집 공고입니다.

다이렉트 소싱은 리크루터의 일에서 매우 중요한 업무이기 때문에 그 과정에 대해서는 뒷장에서 더 상세하게 알아보겠습니다.

Google

구글 소싱 전문가 직무 기술서

Google Sourcing Specialist Job Description

구글의 소싱 전문가는 구글의 이야기를 전 세계에 알리는 역할을 합니다. 이들은 외부 후보자와의 관계를 키우는 데 깊은 관심을 두고 후보자와 활발하고 사려 깊은 대화를 나누며 우리 조직과 조직 제품을 잘 알고 있어 인생을 바꿀 기회를 분명하게 표현할 수 있는 사람들입니다.

우리 비즈니스의 인재 요구사항에 대한 전문가로서 구글의 채용 프로세스를 통해 좋은 후보자를 찾고, 참여를 유도하고, 안내하는 모든 채용 과정에서의 뛰어난 인재가 될 것입니다.

소싱 전문가는 분석적 마인드, 호기심, 일에 대한 진지한 접근이 필요합니다. 우리가 하는 일은 People Operation 팀(다른 곳에서는 인적 관리를 의미하는 'Human Resource'로 부름)에만 한정되지 않습니다. 우리는 세계에서 가장 혁신적인 사람들을 구글로 데려오고 그들이 번창하도록 돕는 프로그램을 제공합니다. 차기 구글 직원을 채용하거나, 핵심 프로그램을 개선하거나, 인재를 개발하거나, 단순히 구글 직원의 삶에 더 많은 재미를 불어넣을 방법을 찾고 있는지에 관계없이 우리는 HR 분야를 재창조하는 데이터 기반 접근 방식을 제공합니다. 고용, 승진, 유지 및 포용 관행을 통해 더욱 다양하고 접근 가능하며 공평하고 포용적으로 구글을 발전시키는 데 필수적인 역할을 하게 될 것입니다.

실질적인 채용 운영을 담당하는 리크루팅 코디네이터

채용 프로세스를 아무리 멋지게 짜놓아도 잘 운영되지 않는다면 무의미하겠죠? 그렇기 때문에 채용을 담당하는 조직에서는 다양한 방식으로 운영 효율화를 시도합니다. 채용 프로세스에서 운영을 전담하는 직무를 리크루팅 코디네이터Recruiting Coordinator라고 합니다. 코디네이터는 지원서를 관리하는 것부터 시작하여 지원자와 현업 간의 면접 일정 조율, 면접자 안내 및 면접 결과 안내, 채용 속도 관리 및 운영 업무를 진행합니다. 더불어 외부 후보자가 마주하는 회사의 첫인상은 코디네이터의 커뮤니케이션 역량과 태도에 의해 좌우되므로 코디네이터의 업무는 채용 프로세스 운영과 브랜딩 측면에서 매우 중요합니다.

더욱 세분화된 채용 전문 직무

채용 업무가 효율화되고 고도화됨에 따라 각 채용 기능에 대한 전문 포지션을 두는 사례가 늘었습니다. 특히 해외에서는 채용 관련 직무가 매우 명확하게 세분화되는 양상을 보이고 있어 이와 관련된 세부 직무를 살펴보겠습니다.

| 후보자 경험을 설계하는 후보자 경험 리크루터
델 테크놀로지스

델 테크놀로지스Dell Technologies Inc.의 후보자 경험 리크루터

Candidate Experience Recruiter는 후보자 경험을 설계하고 관리하여 채용을 성공으로 이끕니다. 후보자와 일정을 조율하고, 인터뷰 평가 문서 등을 수집하며 후보자와 커뮤니케이션하는 모든 단계를 원활하게 관리하고, 후보자에게 일관된 이미지를 주어서 기업과 후보자 사이에 긍정적인 관계를 구축합니다. 후보자 경험 리크루터는 채용의 전 과정에서 후보자와 비즈니스팀, 채용 담당자와 소통하며 높은 수준의 대응력과 전문성이 요구됩니다.

조기 인재 확보를 위한 얼리 커리어 리크루팅 전문가
레노버

레노버Lenovo Group Limited의 얼리 커리어 리크루팅 전문가Early Career Recruiting Specialist(초기 경력 채용 전문가)는 대학교 졸업 예정자를 대상으로 다양한 채용 및 소싱 업무를 담당합니다. 채용 전략을 수립하고, 인재를 소싱하며, 초기 경력자 및 신입을 채용하기 위해 행사를 기획하기도 하죠. 대학 캠퍼스에서 학생을 대상으로 채용 설명회와 컨설팅을 진행하는 캠퍼스 리크루팅 역시 얼리 커리어 리크루터의 업무입니다. 이외에도 면접 프로그램을 관리하고 기업의 채용 브랜딩을 수립하는 등 초기 경력자를 영입하기 위한 채용 프로그램을 설계 및 관리합니다.

채용 브랜딩 및 임플로이어 브랜드 라이터
록웰 인터내셔널

록웰 인터내셔널Rockwell International의 채용 브랜딩 및 임플로이어 브랜드 라이터Talent Brand & Employer Brand Writer는 기업 내부 및 외부에 직원 가치 제안Employee Value Proposition, EVP을 개발합니다. 직원 가치 제안이란 기업의 재직자 혹은 미래의 입사자인 잠재적 후보자에게 제공하는 가치 있는 요소의 조합을 말합니다. 성장 기회, 복리 후생, 조직 문화 및 회사의 브랜드 평판 등이 직원 가치 제안에 해당합니다. 즉, 인재를 유치하기 위해 필요한 전략을 기획하는 것이 채용 브랜딩 담당 리크루터의 주 업무입니다. 이들은 외부 인재를 영입하기 위해 시장 정보를 파악하고 소셜 미디어 및 외부 파트너십을 개발하며 채용 마케팅 프로그램 및 캠페인을 기획합니다. 직원 가치 제안에 대한 더 자세한 내용은 이후 5장에서 다룹니다.

임플로이어 브랜드 라이터
시그니처 퍼포먼스

시그니처 퍼포먼스Signature Performance, Inc의 임플로이어 브랜드 라이터Employer Brand Writer는 기업의 사회적 책임 측면에서 기업을 브랜딩합니다. 기업의 자선 활동이나 후원을 활성화하고, 기업 내부 직원의 참여를 유도하고 대외적으로는 홍보합니다. 대외 이미지를 구축하는 것뿐만 아니라 기업 내부의 커뮤니케이션 개선에도 관여합니다.

신입 사원의 회사 적응을 담당하는 온보딩 전문가
브라이언 헬스

온보딩Onboarding이란 새로운 직원이 조직에 잘 적응할 수 있도록 교육하는 과정을 말합니다. 브라이언 헬스Bryan Health의 온보딩 전문가Onboarding Specialist는 입사 전후 모든 과정을 지원하고 관리합니다. 신입 사원에게 회사의 비전과 신념 등 핵심 가치를 전달하고, 새로운 환경에서 유연하게 적응할 수 있도록 적응 프로그램을 제공하고 교육합니다.

채용 메트릭스 및 대시보드 전문 리크루터
보스턴 컨설팅 그룹

보스턴 컨설팅 그룹Boston Consulting Group, BCG의 채용 메트릭스 및 대시보드Recruiting Metrics/Dashboard 리크루터는 채용 메트릭스와 대시보드를 개발하고 관련 데이터를 분석합니다. 여기서 채용 메트릭스란 조직의 후보자 채용 프로세스를 최적화하고 성공 여부를 판단하기 위해 채용 결과를 수치로 분석하는 척도를 말하며, 대시보드는 다양한 데이터를 동시에 비교할 수 있도록 여러 관점의 데이터를 제공하는 현황판 화면을 말합니다. 리크루터는 메트릭스와 대시보드를 통해 대량의 데이터세트Dataset에서 인사이트Insight를 도출하고, 분석적 사고를 통해 채용과 관련된 문제를 해결합니다. 또 데이터를 기반으로 여러 이해관계자의 파트너로서 채용 솔루션을 제시하고 가이드합니다.

어도비 채용 담당자의
역할 변화 사례

　　　　　　어도비Adobe의 채용 담당자 세날다 로드리게즈는 2020년에 어도비의 인재 개발 프로그램 매니저Talent Development Program Manager로 근무를 시작하여 채용 프로세스 분석 및 개선, 조직 개발을 지원하는 모든 프로그램의 효과 측정 방법을 고민하고 개발하는 업무를 담당했습니다. 그 밖에 비즈니스 문제, 비즈니스 전략, 인력 전략 및 구체적인 측정/영향 추적으로 변환하는 방법에 대한 이해를 구축하여 글로벌 인재 개발팀과 강력한 파트너십을 구축했고, 인재 동향을 파악하고 인재 및 조직 효율성을 더욱 발전시키기 위한 솔루션을 제시하기도 했죠. 이후 인재 소서Talent Sourcer의 역할로도 근무하며, 인재 데이터베이스 구축 및 SNS, 네트워킹과 행사 참석 등을 통한 소싱을 진행하며 창의적으로 소싱 전략을 연구하기도 했습니다.

　현재 세날다는 대학 인재 파트너University Talent Partner로 직무를 변환하여 인턴 및 대학원생, MBA 및 박사 학위를 가진 후보자를 타깃으로 채용 업무를 진행하며 최고의 대학 인재를 유치 및 고용하고 고용 목표를 달성하기 위해 강력하고 혁신적인 대학별 채용 전략을 설계, 구현 및 실행하고 있습니다.

2

리크루터라면 반드시 알아야 할 채용 프로세스

누구나 한 번쯤은 '내가 제출한 이력서를 누가, 어떻게 검토할까?' 하는 궁금증을 가져본 적이 있을 겁니다.

채용 담당자가 아니더라도 채용 프로세스가 무엇인지 물어보면 누구나 답변할 수 있을 겁니다. "서류 심사 후 인터뷰를 보고, 합격하면 처우 협의하는 일련의 과정"이라고요. 구직 활동을 해본 분이라면 채용 공고에서 접해보거나 혹은 채용 프로세스에 참여하며 이 과정들을 알고 있죠.

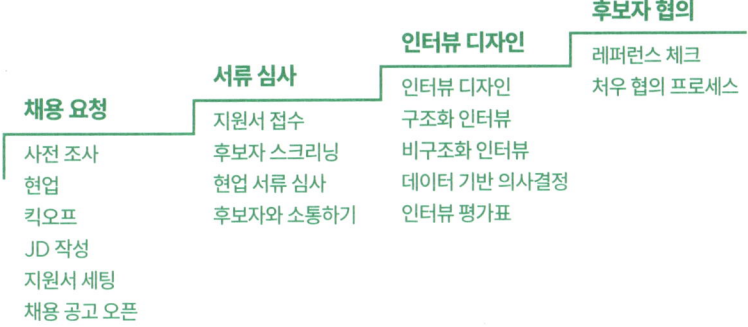

우리의 채용 프로세스는 여기서 끝나지 않습니다. 실제 채용 프로세스는 더 넓은 범위에서 고려할 사항이 많습니다. 이 과정을 자세히 들여다보고 더 명확히 이해해야 체계적이고 효율적인 채용을 할 수 있습니다. 이번 장에서는 실제 채용 프로세스가 어떻게 진행되는지 구체적으로 살펴보고, 프로세스의 각 단계에서 리크루터가 해야 할 일은 무엇인지, 역할과 요령을 알아봅시다.

채 용 의   시 작

채용 요청

기업에서는 다양한 형태로 채용을 준비하는데요. 연간 계획에 맞춰 정해진 시기에 공채를 진행하거나, 사업의 성장에 따른 신규 충원, 결원을 보충하기 위한 충원 등의 수시 채용이 진행됩니다. 채용 요청 단계에서는 현업 조직에서 사람이 필요하다는 충원 의사를 확인합니다. 시스템이 잘 갖춰진 곳이라면 결재 절차에 따라 진행되기도 하고, 이메일이나 메신저로 필요한 인원에 대한 간략한 내용을 채용 부서에 전달하죠.

이 단계에서는 요청 부서의 조직은 어떻게 구성되어 있는지 알아보고, 채용하고자 하는 사람의 포지셔닝을 대략적으로 그려보는 것이 좋습니다. 무작정 사람을 채우는 식의 채용이 아니라 적임자를 뽑기 위한 전략을 세우는 첫 단추이기 때문입니다.

그런 다음 자신이 관리하고 있는 인원 계획을 업데이트해야 합니다. 채용의 주기는 기업마다 다르지만, 수시 채용이 자주 발생하는 경우 주 단위로 인원 계획을 관리하기도 하며, 일반적으로 채용 부서에서 월/분기/연 단위의 인원 계획을 관리하고 있습니다.

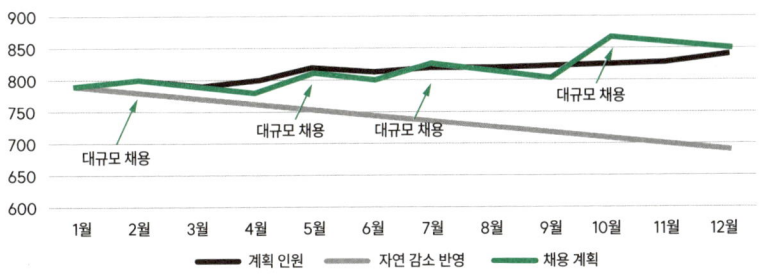

연간 자연 감소를 예측한 채용 계획 수립 예시

사업 운영에 있어 인건비가 큰 부분을 차지하기 때문에 현업의 수요와 더불어 회사에서 뽑을 여력이 있는지도 확인하는 과정이 필요합니다. 또한 이 인력 계획은 채용 부서의 성과 지표가 되기 때문에 더욱 면밀하게 관리가 필요합니다.

이렇게 현업의 수요와 회사의 여력에 문제가 없다면 본격적으로 채용 진행을 위한 과정을 준비합니다.

채용 포지션에 대한 사전 조사

현업에서 요구하는 선발 조건과 시장의 상황을 종합적으로 고려하여 우리가 뽑고자 하는 사람을 정의하는 과정입니다. 충원 요청을 한 포지션에서 요구되는 연차와 경력이 일반적으로 시장에서 찾을 수 있는 조건인지를 확인해야 합니다. 리크루터는 현업 실무자와 포지션에 대해 함께 논의할 수 있는 수준의 관련 지식이 필요합니다. 또한 기업에서 해당 포지션에 있는 사람들은 어떤 일을 하고, 어떤 성과를 내고 있으며, 어떻게 일하는 사람이 일을 잘하는 사람인지에 대해 살펴봐야 합니다. 포지션에 대한 충분한 사전 조사와 이해가 되었다면 다음 과정으로 넘어갈 준비가 되었습니다.

현업 킥오프 미팅 주도하기

축구 경기는 선수가 경기장 가운데 중앙선에서 공을 차는 것(킥오프)으로 시작합니다. 이처럼 새로운 프로젝트의 시작을 알리는 회의를 킥오프 미팅Kick-off Meeting이라고 합니다. 포지션에 대한 사전 조사가 끝나면 리크루터와 현업의 하이어링 매니저가 서로의 역할을 이해하고 채용 프로세스의 일정을 논의하는 킥오프 미팅을 마련합니다. 리크루터와 하이어링 매니저가 서로의 지향점을 맞추고, 현업 구성원들의 경력을 고려하여 포지션을 구체화하기 위해서죠.

리크루터가 채용할 포지션을 완벽하게 이해했다고 해도, 하이어링 매니저와 막상 대화를 나눠보면 벽을 만날 수밖에 없습니다. 모든 요건을 충족하는 후보자는 시장에 거의 없습니다. 마치 모든 것을 할 수 있는 슈퍼 히어로를 찾는 듯한 기분이 들기도 하죠.

처음부터 하이어링 매니저가 담백하게 필수적인 자격 요건만 얘기하면 좋겠지만, 대개 예측 불가능한 미래 상황까지 대비하여 지나치게 많은 요건을 제시합니다. 그래서 예를 들어 리크루터 포지션 채용을 위한 킥오프 미팅을 진행한다면 이런 대화가 오갈 가능성이 높습니다.

"동종 업계 경력이 3~5년 정도 있었으면 해요."

"면접관 교육과 온보딩에도 도움이 되면 좋겠어요. HRD 경력을 보유한 분이면 더 좋을 것 같아요."

"요즘은 데이터 기반 리크루팅을 지향한다니까 파이썬이나 태블로를 활용할 수 있었으면 해요."

"브랜딩을 하려면 역시 글을 잘 써야죠! 글을 발행해본 경험이 있는 사람이면 좋겠어요."

"영상 관련 툴을 다룰 수 있는 사람이면, 우리도 영상 콘텐츠를 만들어볼 수 있겠네요."

하이어링 매니저는 후보자가 업무를 잘 수행하기 위해 필요한 역량과 경험을 구체적으로 요구하지만, 위 대화처럼 간혹 시장의 상황을 간과한 무리한 요건을 제시하기도 하죠. 따라서 킥오프 미팅에서 리크루터는 하이어링 매니저와 후보자 요건을 반드시 조정해야 합니다. 킥오프 미팅에서 정리해야 할 사항은 다음과 같습니다.

- **리크루터에게 필요한 정보**: 포지션 채용 사유, 필수 조건, 우대 사항, 채용 프로세스, 필수 요건 혹은 스킬, 구체적인 직무 기술서(JD), 현업에서 요구하는 후보자 수준
- **현업 담당자에게 필요한 정보**: 후보자 시장 상황, 이력서 혹은 프로필, 포지션 채용 레퍼런스
- **후보자에게 필요한 정보**: 직무 기술서, 협업 유관 부서, 연봉 정보

킥오프 미팅을 통해 서로의 이해관계를 정리하면 구체적인 채용 요건을 도출할 수 있습니다. 위에서 제시한 대화로부터 킥오프 미팅을 진행했다고 가정합시다. 일차적으로 채용 요건은 다음과 같이 조정될 것입니다.

필수 조건
- 동종 업계에서 3~5년 경력을 보유
- 파이썬이나 R 등을 이용해 데이터 분석 및 인사이트 도출 경험 있음
- 꾸준한 글쓰기 경험으로 기반으로 콘텐츠를 만든 경험 있음

우대 사항
- 영상 및 디자인 툴을 능숙하게 다룰 수 있음
- 태블로 등 데이터 시각화 도구를 다룰 수 있음

물론 채용 요건은 구체적일수록 좋지만, 위와 같은 조건을 모두 갖춘 사람을 시장에서 찾기란 매우 어렵습니다. 여전히 무리한 자격 요건이죠. 따라서 미팅 과정에서 격차를 좁혀나가고 실제로 채용할 사람을 타기팅해야 합니다.

후보자 타깃을 위해 자주 사용하는 질문을 살펴볼까요?

- 이 역할을 잘 수행하고 있는 사람은 어떤 기업에서 일하고 있는 사람일까요?
- 이 역할을 수행하기 위해서는 어떤 경력 경로를 거쳐오신 분이 좋을까요?

- 이 업무를 리드하기 위해선 어느 정도 규모의 조직을 경험하는 게 좋을까요?
- 현재 조직에서는 서포터와 리더 중 어떤 자질을 갖춘 분이 더 적합할까요?

그리고 성공적인 채용을 위한 목표를 정의해야 합니다

- 이 포지션 채용이 성공했다고 판단하려면 이 사람은 1년 뒤 어떤 목표를 달성해야 하나요?
- 채용한 후 수습 기간에 어떤 성과를 내기를 기대하시나요?
- 채용한 사람이 조직에서 어떤 역할로 자리 잡길 바라시나요?
- 이 조직에서 잘 적응했다고 판단하는 지표는 무엇인가요?

또 후보자를 유혹할 셀링 포인트Selling Point를 현업의 관점에서 확인할 필요가 있습니다. 이는 시장의 후보자를 설득하는 가장 큰 무기가 될 거예요.

- 요건을 갖춘 후보자가 우리 회사 포지션에 기대하는 바는 무엇일까요?
- 우리는 타 회사의 같은 포지션에 비해 어떤 경험을 더 할 수 있나요?
- 우리 회사의 이 포지션은 업계에서 어떤 차별성이 있나요?

이런 질문 과정을 통해 현업과의 격차를 좁혀나가고 채용 가능성을 높일 수 있는 모집 요건을 정리합니다.

직무 기술서(JD) 작성하기

앞서 현업과의 논의를 마쳤다면 이 내용을 기반으로 직무 기술서Job Description, JD를 작성합니다. JD란 직무 내용을 세부적으로 정리한 것을 의미하며, 일반적으로 직무 수행에 요구되는 지식과 기술, 업무 조건, 우대 사항, 다른 직무와의 관계, 근로 형태 등과 함께 직무의 과업과 책임에 관한 내용을 담고 있습니다. 쉽게 말해, 모집 공고에 담아야 할 포지션에 대한 정보이지요. JD는 채용에 있어 매우 중요한 요소인데요. 그 이유를 살펴봅시다.

잘 작성된 JD는 우리가 바라는 후보자를 채용할 확률을 높입니다. JD는 시장의 후보자가 자신과 이 직무가 적합한지 판단하는 주요 정보가 될 뿐만 아니라 잠재적 후보자의 이해도를 높여 적합한 인재 풀을 확보하는 데 큰 역할을 합니다. 또한 후보자에게 역할을 수행하는 데 기대하는 사항을 미리 제공하여, 채용 과정을 진행하면서 더 철저히 준비할 수 있도록 돕습니다. JD의 설명이 구체적이고 친절할수록 이 일에 대한 이해도와 애정도가 높은 후보자를 모집해서 채용까지 이어지는 긍정적인 결과를 가져올 수 있습니다.

체계적으로 잘 정리된 JD는 채용 과정에선 후보자와 의사소통하고 평가하는 데 주요 지표로 활용될 수 있습니다. 이를 기반으로 기준이 흔들리지 않고, 구조화된 인터뷰를 설계할 수 있으며 그 결과 적합한 후보자를 비교 선발할 수 있습니다.

아울러 JD는 입사 후 후보자의 목표 설정을 돕고 성과를 평가하는 기반으로 활용됩니다. 사전에 JD를 통해 회사의 기대 사항을 파악한 후보자는 그에 맞춰 목표를 설정할 수 있고 생산성을 높일 수 있습니다. 잘 작성된 JD는 직무 수행에 큰 동기를 부여합니다. 또한 후보자에 대한 객관적인 성과 평가가 가능합니다. JD가 모호하고 달리 해석할 여지가 있다면 나중에 후보자가 기대치에 충족하지 못할 경우라도 성과 부족에 대한 근거를 마련하거나 건설적인 비판을 하기 어려워질 수 있습니다.

JD는 또한 법적 근로 계약의 기반이 됩니다. 채용 담당자라면 관련 법률에도 익숙해야 하는데요. 채용 공고를 오픈하는 데 가장 기본이 되는 법은 아래와 같습니다.

채용절차의 공정화에 관한 법률

제4조(거짓 채용광고 등의 금지) ① 구인자는 채용을 가장하여 아이디어를 수집하거나 사업장을 홍보하기 위한 목적 등으로 거짓의 채용광고를 내서는 아니 된다.

② 구인자는 정당한 사유 없이 채용광고의 내용을 구직자에게 불리하게 변경하여서는 아니 된다.

③ 구인자는 구직자를 채용한 후에 정당한 사유 없이 채용광고에서 제시한 근로조건을 구직자에게 불리하게 변경하여서는 아니 된다.

④ 구인자는 구직자에게 채용서류 및 이와 관련한 저작권 등의 지식재산권을 자신에게 귀속하도록 강요하여서는 아니 된다.

특히 채용 공고의 내용을 정당한 사유 없이 구직자에게 불리하게 변경한 경우라면 과태료가 부과되며, 해당 공고를 통해 채용한 후보자의 근로 조건이 불리하게 변경되는 것 또한 금지됩니다.

또한 여러 법안에서 규정하고 있는 모집 단계에서의 차별이 발생하지 않도록 유념해야 하는데요. 대표적으로는 사회적 약자에 대한 차별, 연령 차별이 있습니다.

고용상 연령차별금지 및 고령자고용촉진에 관한 법률

제4조의4(모집·채용 등에서의 연령차별 금지) ① 사업주는 다음 각 호의 분야에서 합리적인 이유 없이 연령을 이유로 근로자 또는 근로자가 되려는 사람을 차별하여서는 아니 된다. <개정 2020. 5. 26.>

고용정책기본법

제7조(취업기회의 균등한 보장) ① 사업주는 근로자를 모집·채용할 때에 합리적인 이유 없이 성별, 신앙, 연령, 신체조건, 사회적 신분, 출신지역, 학력, 출신학교, 혼인·임신 또는 병력(病歷) 등(이하 "성별등"이라 한다)을 이유로 차별을 하여서는 아니 되며, 균등한 취업기회를 보장하여야 한다. <개정 2014. 1. 21.>

② 고용서비스를 제공하는 자는 그 업무를 수행할 때에 합리적인 이유 없이 성별등을 이유로 구직자를 차별하여서는 아니 된다.

③ 직업능력개발훈련을 실시하는 자는 훈련대상자의 모집, 훈련의 실시 및 취업지원 등을 하는 경우에 합리적인 이유 없이 성별등을 이유로 훈련생을 차별하여서는 아니 된다.

이외에도 장애인, 남녀고용 평등, 국가유공자 등 여러 법에서 채용 단계에서 차별을 규정하며 위반 시 법적 책임을 묻고 있으니 채용 단계에서 이슈가 발생하지 않도록 유심히 살펴보아야 합니다. 이러한 사안은 과태료뿐만 아니라 기업의 이미지에도 큰 손실이 발생할 수 있어 채용 담당자의 윤리 의식이 필요합니다.

JD는 내부 구성원의 역할 수립의 기준 및 교육의 기반이 되기도 합니다. 예를 들어 채용 업무가 조직의 중간 관리자 역할을 기대한다면, JD는 주니어 구성원에게는 커리어 패스의 지표로 활용될 수 있습니다. 구체적으로 작성한 JD는 조직의 역할을 더욱 체계적으로 관리할 수 있게 만들어 주고, 그에 맞춰 채용이 이루어진다면, 팀이 체계적으로 성장하는 데 기반 자료로 활용될 수 있습니다.

지원 과정 설계하기

효율적인 선발 과정을 위해 지원서를 적극 활용합니다. 회사 입장에서 후보자가 회사와 직무에 대해 잘 이해하고 지원하는지를 빠르고 간편하게 파악하는 도구가 됩니다. 최근에는 지원서 작성 과정을 간소화하는 추세이지만, 지원서로 효율적인 채용을 할 수 있는 것은 변함이 없습니다. 채용 자격을 검증하는 과정을 줄이기 위해 필요한 자료(포트폴리오, 경력 기술서 등)는 무엇인지, 후보자의 최소 기준을 선별할 수 있는 자기소개서 항목은 무엇인지 고민합니다. 항목이 지나치게 많으면 후보자가 중도 이탈할 가능성이 커지지만, 항목을 작성하는 과정을 간소화하거나 자유로운 형태로 제출할 수 있게 하여 후보자의 참여를 유도합니다.

또한 지원서 접수 과정은 후보자가 채용 전형에 참여하는 첫 단계인 만큼 좋은 인상을 줄 수 있도록 접수에 불편함은 없는지 면밀히 살펴보고 명확하고 쉽게 이해할 수 있도록 합니다.

채용 공고 오픈하기

자, 길었던 준비 과정이 드디어 끝났습니다! 채용하

고자 하는 포지션별로 효과적인 채널을 선별하여 공고를 오픈합니다. 채용 채널은 회사의 공식 홈페이지나, 채용 플랫폼(원티드, 사람인, 잡코리아 등), 내부 직원의 추천 등 지원서가 유입되는 통로를 말합니다. 어떤 채널을 통해 공고를 접해도 모집 시기 및 내용에 차이가 없도록 점검하여 지원자가 동일한 정보를 얻을 수 있게 하는 것이 중요합니다. 채용 채널에 대해서는 이후 더 자세히 살펴보겠습니다.

스크리닝과 서류 심사

지원서 접수 단계에서 확인해야 할 정보

공고가 오픈되면 여러 채널을 통해 지원자가 접수될 텐데요. 어떤 채널을 통해 유효한 후보자가 유입되는지 살펴보아야 합니다. 포지션별로 효과적인 채널을 분석해야 하는 이유는 채용 프로세스를 효율화하기 위함이기도 하지만, 채널에 대한 분석 자료가 이후 채용 담당자의 자산이 되기 때문이죠. 또 서류 수집 과정에서 종종 중요한 정보를 얻을 수도 있습니다. 특정 회사의 후보자가 많이 지원했다면, 이는 해당 회사나 업계에 이슈가 있는지 확인할 수 있는 중요한 단서가 되겠죠.

세부적으로 살펴보자면, 후보자들의 지원서로 얻는 업계의 연봉 정보를 통해 회사의 임금 체계를 돌아보고 경쟁력을 파악하는 데 중요한 자료로 활용할 수 있습니다. 또, 경쟁 업체의 내부 조직과 구조를 파악하여 업무를 어떻게 분배하는지, 어떤 것에 비중을 더 두고 있는지 비즈니스 차원에서 이해를 높일 수 있죠. 후보자들의 경력 경로를 통해 시장의 트렌드도 파악할 수 있습니다. 예를 들어, 동종 업계가 아닌 다른 직종에서 후보자가 많이 유입된다면 후보자 타깃을 넓히거나 좁히는 방식으로 전략을 짤 수 있습니다.

그리고 후보자와의 커뮤니케이션, 지원서 등을 통해 후보자의 기대 사항을 파악할 수 있는데요. 이는 시장에서 바라보는 우리 회사의 경쟁력을 파악하는 지표가 됩니다. 실제 기획한 채용 브랜딩과 맞아떨어지면 브랜딩이 성공적으로 이루어졌음을 확인할 수 있고, 그와 다르다면 기존 브랜딩이 효과적이지 않다는 의미이므로 다른 방안을 찾아봐야겠죠.

후보자 스크리닝과 현업 서류심사

채용에서 스크리닝Screening은 보통 현업에서 요구하는 최소 조건에 따라 후보자의 이력서를 선별하는 것을 의미합니다. 스크리닝을 진행하는 회사라면 포지션에서 요구하는 최소 조건에 따라 진행합니다. 포지션에 대한 이해도를 기반으로 진행하기 때문에 현업의 신뢰를 얻기 위해서는 더욱 신중하게 진행하는 것이 필요합니다. 이후 현업 서류 심사가 진행된다면 각 후보자의 서류 검토

결과에 대한 피드백을 현업으로부터 얻는 것이 중요합니다. 후보자의 아쉬운 점과 강점을 파악한다면 추후 타기팅에 활용할 수 있고, 다이렉트 소싱을 진행하는 데도 많은 도움이 되기 때문입니다. 또한 현업과 리크루터가 느끼는 공통된 아쉬운 점이 있다면, JD의 내용이 명확하게 서술되지 않았는지 의심해볼 수 있죠. 리크루터는 단순히 채용 프로세스를 운영하는 역할에 머무르지 않고 적합한 후보자를 찾는 과정에 더욱 적극적으로 개입해야 합니다. 이런 과정에서 채용 담당자의 역량이 향상되고 전문성을 쌓을 수 있습니다.

후보자와 소통하기

우리 회사에 적합하다고 생각되는 후보자를 찾는다면 본격적으로 후보자와의 소통이 시작됩니다. 과거에는 기업이 갑의 입장에서 채용 전형을 일방적으로 안내했지만 최근의 트렌드는 아주 많이 바뀌었는데요. 이번에는 후보자와 소통하는 데 있어 중요한 것들을 살펴보고자 합니다.

채용 시장에서 후보자는 우리 회사만 바라보고 있지 않습니다. 인재 전쟁 상황에서 후보자에 대한 배려와 이해가 없이는 좋은 인재를 채용하기 어려워졌습니다. Finances Online에서 실시한 조사에 따르면 [1] 직장인 응답자의 75%가 지원 과정에서 느낀 긍정적인 경험이 입사 제안을 수락하는 데 영향을 끼쳤다고 답했습니다. 후보자 경험에

---

[1] 출처: https://financesonline.com/candidate-experience-statistics

서 많은 영향을 미치는 요인 중 하나는 바로 채용 담당자와의 접점 Touch Point입니다. 즉, 문자 메시지, 전화, 이메일, 대면 등 커뮤니케이션이 발생하는 모든 상황을 말합니다. 채용 과정에서 채용 담당자와의 접점만으로도 후보자가 우리 회사에 오고 싶게끔 만들 수 있고, 회사의 프로세스와 문화에 대해 강한 인상을 받습니다. 한 명의 채용 담당자가 회사를 대표할 수 있음을 아는 똑똑한 채용 담당자라면 후보자 경험에 더욱 많은 시간을 쏟고 있을 겁니다. 아주 작은 일이라고 생각될 수 있지만 후보자에게 이메일, 문자 메시지, 유선 등 여러 채널로 채용 과정을 설명하고, 일정을 조율할 때도 후보자의 일정과 경로를 배려하는 사소한 행동들이 회사에 대한 좋은 인식을 심어줄 수 있습니다.

인 터 뷰   디 자 인

인터뷰Interview(면접)는 후보자의 적합성을 파악하는 가장 효과적이면서도 전통적인 수단입니다. 최근 다양한 형태의 인터뷰가 진행되고 있지만 기본적으로 구조화 인터뷰와 비구조화 인터뷰로 나누어 이해할 수 있습니다.

구조화 인터뷰란 면접관이 미리 정해둔 체계화된 질문을 바탕으로 후보자의 자격, 과거 경험, 직무 요건 등 회사에서 발휘할 수 있는 역량을 예측하는 정량적 조사 방법입니다. 반면, 비구조화 인터뷰는 고정된 패턴이나 질문 없이 개인의 이력에 따라 개방형 질문을 이어가면서 심층적으로 후보자의 역량을 검증합니다.

실제 인터뷰에 있어 한 가지 방법만으로는 후보자를 깊이 있게 검증하기 어렵습니다. 그래서 두 가지 방식을 적절하게 혼합하여 인터뷰를 설계하는 것이 후보자를 더욱 효과적으로 파악할 수 있는 방법이죠.

구조화 인터뷰와 비구조화 인터뷰의 차이점은 아래 표로 자세히 살펴보겠습니다.

	구조화 인터뷰	비구조화 인터뷰
인터뷰 형식	미리 정해둔 질문 항목으로 인터뷰를 진행합니다. 일관된 방식과 패턴으로 인터뷰를 수행해야 여러 후보자의 정량화된 결과 수치를 효과적으로 비교할 수 있습니다.	캐주얼한 대화에 가까운 인터뷰 형식입니다. 비공식적인 토론을 통해 후보자 내면의 가치를 파악하고 심층적인 정보를 얻습니다.
성격	기본적으로 정해둔 절차와 지침에 따라 순차적으로 진행됩니다. 설정된 패턴에 따라 면접관이 인터뷰를 주도합니다. 통제된 상황에서 일관된 응답을 요구하고 있어 후보자 간 비교가 단순하고, 면접관의 개인적인 편견으로부터 자유롭습니다.	면접관의 역량에 영향을 많이 받으며, 구조화 인터뷰에 비하면 면접관이 인터뷰를 주도해야 할 의무가 적습니다. 그보다는 후보자의 말을 적극적으로 경청하고 자발적인 답변을 끌어내는 것이 비구조화 인터뷰의 특징입니다. 해석의 여지가 열려 있고, 깊은 토론이 가능합니다. 질문을 하면서 면접관의 성향이 드러날 수 있어 주의가 필요합니다.

데이터 수집	정량화된 수치인 양적 데이터를 기반으로 인터뷰가 진행됩니다. 주로 면접관이 준비한 옵션 안에서 폐쇄형 질문을 하며 이에 따라 평가가 진행됩니다.	후보자의 질적 데이터를 수집하기가 더 쉽습니다. 지원자의 답변에 따라 심층 정보를 수집하고 상황에 따른 행동에 대한 정보를 수집합니다. 다양한 관점으로 인터뷰가 전개되기 때문에 개방형 질문으로 진행되는 경우가 일반적입니다.
질문의 예시	• 본인의 강점과 약점은 무엇입니까? • 당신을 고용해야 하는 이유는 무엇입니까?	• 특정 서비스를 즐겨 사용하시나요? • 업계 동향에 대해 어떻게 생각하시나요?
비교 가능성	구조화된 인터뷰에서 수집된 정보는 비교 대상이 됩니다. 정량적 관찰 및 분석이 가능합니다.	지원자의 성향이나 견해가 담겨 있어 다른 지원자와 비교하기 어렵습니다. 후보자와의 상호작용, 이해를 바탕으로 평가가 진행됩니다.

구조화 인터뷰와 비구조화 인터뷰의 차이점

구조화 인터뷰

많은 기업이 사용하는 구조화 인터뷰에 대해 조금 더 자세히 살펴보겠습니다. 구조화 인터뷰는 이렇게 준비합니다.

1 채용하려는 포지션에서 중요하게 생각하는 역량Hard Skill과 자질Soft Skill을 정의합니다.

2 스킬에 맞는 [2]행동 사건 면접BEI: Behavior Event Interview의 질문을 구축합니다.
3 직무 역량을 판단할 수 있는 질문을 구축합니다.
4 후보자의 평가 시스템을 구축합니다.
5 구조화된 면접 프로세스를 현업 면접관에게 교육합니다.
6 인터뷰 질문과 평가방식에 대해 전파하여 모두가 같은 기준으로 평가를 진행할 수 있도록 만듭니다.

구조화 인터뷰는 오류와 편향을 줄일 수 있습니다. 본능과 직감에 의존하지 않고, 객관적인 채용을 가능하게 합니다. 인터뷰 과정에서 채용 담당자는 여러 오류를 마주하는데요. 대표적인 경우는 다음과 같습니다.

후광 효과 어떤 사람에 대한 일반적인 견해가 그 대상이나 사람의 구체적인 특성을 평가하는 데 영향을 미치는 현상으로, 후보자의 두드러진 특성(학력, 외모 등)이 연관되지 않은 다른 특성을 좋거나 나쁘게 평가하는 것(학력이 좋으니 업무 능력이 좋을 것이다)을 의미합니다.

---

[2] 행동 사건 면접(BEI)이란 조직 내에서 발생한 특정 사건이나 상황에서 개인이 어떻게 행동했는지에 대해 자세히 파악하는 인터뷰 방법입니다. BEI는 지난 경험에 기반하여 개인이 어떻게 행동했는지를 파악하기 위해 개발되었으며, 개인의 성격, 태도, 행동 패턴 등을 파악하기 위한 목적으로 사용됩니다.

낙인 효과	좋지 않은 인식이 현재의 평가에 미치는 부정적인 영향으로, 한번 후보자에 대한 편견이나 부정적인 인식이 생겼을 때 연관되지 않은 특성을 의식적, 무의식적으로 나쁘게 평가하는 것을 의미합니다.
유사성 오류	평가자가 자신의 가치관, 성격, 특성 등과 비슷한 평가 대상을 그렇지 않은 평가 대상보다 호의적으로 평가하는 오류를 말합니다. 사람들은 일반적으로 자신과 대비되는 사람보다 비슷한 사람에게 일체감을 느끼는 경향이 있습니다. 유사성 오류는 채용이나 고과 평가 등의 조직 상황에서 평가자들이 범하기 쉬운 오류입니다.
관대화 오류	자신과 관련된 평가 대상의 직무 수행이나 성과를 실제보다 더 높게 평가하는 경향입니다.
시간적 근접 오류	평가 시점과 가까운 시점에 일어난 사건이 평가에 큰 영향을 미치는 오류입니다. 일반적으로 평가자는 현재보다는 과거의 행동과 성과를 쉽게 잊어버리며, 기억력의 한계 때문에 최근에 일어난 사건을 중요하게 여기는 경향이 있습니다. 그래서 가장 최근 시점의 결과를 중심으로 성과를 평가하게 됩니다.
대비 오류	다른 사람을 판단하면서 절대적 기준에 기초하지 않고 다른 대상과의 비교를 통해 평가하는 오류를 말합니다. 즉, 대비되는 정보 때문에 평가자의 판단이 왜곡되는 현상이죠. 일반적으로 대비 오류는 시간적 측면에서는 주로 바로 앞 대상자, 공간적 측면에서는 바로 옆 대상자와 대비시켜 평가하는 형태로 나타납니다. 채용 면접 시에 대비 오류는 발생 가능성이 높습니다. 바로 직전 지원자나 바로 옆 지원자가 매우 뛰어나다고 평가되는 경우에, 그다음 지원자는 보통의 실력을 지녔어도 실제보다 부정적으로 평가되기 쉽습니다.

이처럼 오류를 경계하며 인터뷰를 진행해야 하지만 우리는 첫인상, 내가 가진 생각과 편견, 함께 인터뷰에 참석하는 동료가 주는 압박에

영향을 받아 객관적으로 평가하지 못할 수도 있습니다. 구조화된 인터뷰는 데이터를 수집하고 평가하기 때문에 '직감'이 아닌 일관되고, 공정하게 평가하여 채용 단계에서 편향을 줄일 수 있는 장점이 있죠.

구조화된 인터뷰는 데이터를 기반으로 진행하기 때문에 의사결정이 쉬워집니다. 후보자들의 인터뷰를 마친 이후에는 선발을 해야 합니다. 많은 후보자를 모으고, 프로세스를 진행해도 막상 의사 결정 단계에서는 여러 가지 이유로 고민되는 경우가 많습니다. 채용 프로세스에는 많은 자원이 투입되기 때문에 정해진 시간 안에 효율적으로 움직여야 하며, 구조화 인터뷰는 데이터를 기반으로 하기 때문에 빠르게 의사결정을 내릴 수 있도록 돕습니다.

아마존의
행동 사건 면접(BEI)과
STAR 기법

행동 사건 면접

아마존은 채용 사이트에서 인터뷰 형식을 명확히 밝히고 있습니다. 행동 기반으로 데이터를 수집하는 행동 사건 면접BEI: Behavior Event Interview 방식을 택하고 있음을 후보자에게 안내하며, 인터뷰에서 과거 상황이나 직면한 문제의 해결 방법에 대해 물어볼 것이라고 미리 알려줍니다. 특히 한때 주목 받았던 창의력 인터뷰('맨해튼에 몇 개의 창문이 있을까요?' 같은 질문)를 피하고 있으며, 역량 있는 후보자를 선발하는 데 이러한 방식이 효과적이지 않다고 설명하고 있는데요. 다음과 같이 행동 기반의 질문의 예시도 함께 제시하며, 후보자들이 인터뷰를 더욱 효율적으로 준비할 수 있도록 돕고 있습니다.

- ☐ 여러 가지 해결책을 놓고 문제에 직면한 경험이 있나요? 그 문제와 해결 방법, 본인의 선택과 결과를 말씀해주세요.
- ☐ 실패한 경험에 대해 어떻게 반응했고, 그 경험으로 어떻게 성장하셨나요?
- ☐ 데이터를 활용하여 전략을 세운 경험을 말씀해주세요.

이러한 채용 프로세스를 통해서 아마존이 데이터 기반의 회사임을 후보자에게 자연스럽게 인식하게 했습니다. 후보자는 인터뷰에 대해 미리 자세한 정보를 얻음으로써 질문에 대해 효과적으로 답변을 준비할 수 있고, 회사는 제한된 시간 동안 효율적으로 후보자를 검증할 수 있게 된 것이죠.

STAR 기법

아마존은 이와 더불어 STAR 기법에 대해서도 후보자에게 안내하고 있는데요. STAR 기법은 많은 회사에서 채택하고 있는 전통적이고 안전한 방법으로, 아마존에서는 STAR 기법을 아래와 같이 활용하고 있습니다.

Situation 상황: 처한 상황 혹은 달성해야 하는 작업을 설명해주세요.
Task 과제: 그 상황에서 어떤 목표를 두고 일을 하셨나요?
Action 행동: 그 상황을 해결하기 위해 어떤 조치를 했고, 당신의 역할은 무엇이었나요?
Result 결과: 그 결과 당신은 무엇을 달성했나요? 실패했다면 어떤 것을 배우셨나요?

이 방법을 미리 설명함으로써 후보자가 특정 상황, 대처, 결과에 대해 행동 기반으로 답변할 수 있도록 가이드를 하고 있으며, 아마존의 가장 성공적인 프로그램 또한 실패에서 비롯된 것임을 알려주고, 실패를 혁신의 조건으로 보는 아마존의 가치관을 긍정적으로 드러내고 있습니다.

비구조화 인터뷰

비구조화 인터뷰는 자유로운 분위기에서 다양한 의견을 나누는 토론형 인터뷰이기 때문에 자칫하면 중요한 정보를 수집하지 못한 채 잡담으로 끝나버릴 수 있습니다. 그래서 역설적으로 비구조화 인터뷰는 구조화 인터뷰보다 더 체계적으로 준비해야 합니다.

비구조화 인터뷰는 이렇게 준비합니다.

1. 채용 요청 사항을 검토합니다. 어떤 기술과 전문성이 필요한지를 사전에 파악합니다.
2. 이상적인 지원자의 모습에 대해 충분히 논의합니다.
3. 어떤 사람을 찾아야 할지 정했다면, 그 사람이 가진 기술, 지식, 업무 경험을 테스트할 수 있는 질문을 설계합니다. 답변에 따른 예상 후속 질문도 설계합니다.
4. 미리 정해진 계획을 따르지 않고 진행되기 때문에 자연스럽게 대화를 이어 나갈 수 있도록 진행합니다.

일방향 소통이 아닌 양방향 소통을 원칙으로 하는 비구조화 인터뷰가 제대로 진행되려면 활발한 토론이 이루어져야 합니다. 하나 또는 여러 개의 주제에 대해 포괄적으로 이야기를 나누는 과정에서 심층 정보를 파악할 수 있습니다. 또한, 후보자 역시 자유롭게 질문을 할 수 있는 분위기이기 때문에 서로의 정보에 대해 더 잘 알 수 있고, 꾸며진 모습이 아닌 지원자의 진짜 모습을 파악하고 지식과 경험을 검증할 수 있는 방법입니다. 대화 형식으로 진행되기 때문에 후보자가 더 편안하게 느낄 가능성이 큽니다. 긴장을 덜 한 상태에서 자신의 본모습을 보여주기 쉬우며, 면접에 대한 긍정적인 후보자 경험도 기대할 수 있습니다.

비구조화 인터뷰는 인터뷰의 흐름을 예측하기 어렵기 때문에 항상 목적을 잃지 않고 대화가 올바른 방향으로 흐르도록 해야 합니다. 면접관이 폭넓은 배경지식과 높은 커뮤니케이션 역량을 갖추어야 후보자가 적합한지 아닌지를 판단할 수 있으므로 면접관에 따라 인터뷰의 질이 결정됩니다. 그래서 비구조화 인터뷰의 핵심은 바로 면접관입니다.

또한 종합적인 인터뷰 과정을 통해 가능한 한 많은 정보를 수집한 후 후보자를 평가해야 하기 때문에 정확한 질문 목록을 사전에 준비하는 것이 필요하며, 지원자에 맞춰 유연하게 질문을 조정할 수도 있어야 합니다.

인터뷰 평가표 만들기

인터뷰 평가표는 후보자의 역량을 검증하고, 비교 검토하여 적합한 후보자를 선발하는 데 활용됩니다. 인터뷰 평가표의 목적은 뛰어난 인재를 가려내고 의사결정에 드는 시간을 효율적으로 줄이는 것입니다. 회사에서 미리 평가표를 정리해두면 인터뷰에서 이를 기반으로 질문을 하기 때문에 후보자에게 일관된 채용 프로세스 경험을 주는 데도 유리합니다.

　인터뷰 평가표는 회사와 직무별로 다르게 정리되겠지만, 기본적으로 다음과 같은 구조로 이루어집니다.

- **배경지식** Background Knowledge: 후보자가 해당 직무와 관련한 경험이 있는지 여부
- **역량** Hard Skill: 후보자가 업무를 수행하는 데 필수적으로 가지고 있어야 하는 기술
- **자질** Soft Skill: 후보자가 가지고 있는 타고난 능력, 예를 들면 손재주나 커뮤니케이션 감각 등
- **직무 이해도** General Knowledge: 후보자가 해당 기업이나 산업, 직무에 대해 얼마나 잘 이해하고 있는지 여부, 앞으로 얼마나 성장할 수 있을지에 대한 가능성

　정형화된 인터뷰의 가장 큰 장점은 높은 점수를 받은 인원을 빠르게 확인할 수 있어 의사결정도 빠르게 내릴 수 있다는 점입니다. 또한 여러 후보자에게 같은 질문을 해서 비교하기 쉬우며 후보자의 배경이나 다른 편견이 생길 가능성이 비교적 낮아 후보자를 객관적으로 판단할 수 있습니다. 질문이 표준화되어 있으므로 예상치 못한 돌발

상황을 사전에 차단하여 후보자들과 좀 더 나은 커뮤니케이션할 수 있고, 후보자들에게 일관된 경험을 줄 수 있습니다.

이처럼 평가표의 장점은 정말 많지만 그만큼 신중해야 할 부분도 있습니다. 인터뷰 평가표에만 의존하여 인터뷰를 진행하면 후보자와 면접자 사이의 교감이 줄어든다는 단점이 있습니다. 인터뷰에서 후보자와 의사소통하기보다 평가서를 작성하는 데 초점이 맞춰지며, 평가를 위한 평가가 될 수 있죠. 인터뷰 분위기가 평가에만 치중되다 보면 후보자는 긴장을 느껴 자신의 역량을 발휘하기 어렵고, 면접관도 후보자가 현업에 적합한 인재인지 판단하기 어렵습니다.

다양한 형태로 인터뷰 평가표를 설계할 수 있지만, 평가표를 처음 설계한다면 아래 방법을 참고해보세요.

| 수치화

후보자 평가를 점수로 수치화하는 것은 가장 간단하고 효과적인 방법입니다. 1~5, 1~10 등 숫자의 범위를 정해 답변의 순위를 매기는 방식으로 지원자를 평가할 수 있습니다. 수치화된 평가 시스템을 사용할 때 면접관들에게 점수 범위의 양 끝이 얼마나 긍정적이거나 부정적인지를 분명히 규정해두어야 합니다.

인터뷰 질문	면접관 1	면접관 2	면접관 3	면접관 4	면접관 5	면접관 6
직장에서 '상대하기 어려운' 사람과 일해야 하는 상황에 대해 말씀해주시고 후보자님이 어떻게 이 문제에 대처하셨는지 알려주세요.	4	4	3	5	5	4
후보자님이 생각하시는 '팀워크'란 무엇인지 설명해주세요. 과거 포지션에서 팀워크를 적용한 사례를 말씀해주세요.	5	3	4	5	5	2
후보자님의 지식 범위를 넘어서는 질문에 응대해본 적이 있나요?	3	5	5	5	3	4
보안이 요구되는 업무를 맡은 적이 있나요? 이런 상황을 어떻게 대처하셨나요?	3	3	4	5	5	3
까다로운 클라이언트를 상대한 경험에 대해 말씀해주세요.	5	1	4	5	2	5
일이 제대로 되지 않았다고 느꼈을 때 어떻게 회복했나요?	5	4	2	5	4	5
총 점수(30점)	25/30	20/30	22/30	30/30	24/30	23/30

출처: https://www.indeed.com/hire/c/info/scoring-sheet

수치화 평가표 예시

| 리커트 척도

　리커트 척도Likert Scale는 대상의 태도나 성향의 강도를 측정하는 기법으로, 동의하거나 동의하지 않는가에 따라 점수를 부과하는 형태입니다. 높은 점수는 강한 찬성을, 낮은 점수는 강한 반대를 나타내며, 각 항목은 동의/비동의로 예측이 가능해야 합니다. 리커트 척도로 스코어 카드를 설계할 경우 각 등급은 가중치가 다를 수 있습니다. 즉, '평균'은 3점이고 '탈락'은 1점으로 둘 수 있고, 점수는 면접이 끝날 때 집계됩니다.

스킬

항목	✗	👎	⊖	👍	☆
대응 능력	●				
커뮤니케이션		●			
비판적 사고, 창의적 해결 능력			●		
우선순위 관리 능력				●	
조직적 사고					★

출처: https://www.greenhouse.com

그린하우스 ATS(Applicant Tracking System, 채용 관리 솔루션)의 평가표 예시

| **개방형 질문**

후보자의 독특한 프로젝트나 이력은 면접 평가 시트에 포함되지 못할 수 있는데, 개방형 질문 Open-Ended Question 섹션을 통해 자유롭게 메모할 수 있는 공간을 구성할 수 있습니다. 이 메모는 다른 면접관들과 인터뷰가 끝난 후 평가하고 논의하는 데 사용되고 후보자들 간 비교에 사용될 수 있습니다.

	질문	면접관 피드백
1	직무와 직접 관련된 지원자의 경험: 성취도, 강점, 개선점 중심으로 기술	
2	직책과 간접적으로 관련된 지원자의 경험. 이 포지션에 지원자가 적합한 이유	
3	시간 관리가 중요한 요인이었던 경험과 후보자가 빡빡하거나 변동이 심한 프로젝트 일정을 어떻게 처리했는지에 대한 경험	
4	문제를 극복한 사례와 이 경험에서 배운 것	
5	이 포지션에 대한 후보자의 장기적인 목표	

개방형 면접 평가표 예시

　의미 있는 인터뷰 평가표를 만들려면 평가 기준이 명확해야 합니다. 만약 여러분이 두 사람에게 숫자 점수가 어떤 기준을 의미하는지 묻는다면, 그 둘이 얘기하는 숫자 점수의 기준은 다를 가능성이 높습니다. 어떤 사람은 $\frac{5}{10}$가 적절하고 평균적인 점수라고 생각할 수 있지만, 다른 사람은 $\frac{7}{10}$이 실패에 가깝다고 생각할 수 있죠. 그런 만큼 각 잠재적 점수의 의미를 말로 표현해야 면접관들이 좀 더 일관성을 가질 수 있습니다.

　매길 수 있는 점수의 범위가 너무 커지면 각각의 잠재적 점수에 뚜

렷한 의미를 부여하기 더 어려워질 수 있기 때문에 1~10점 범위로 점수를 매기는 것이 최선이라고 할 수 없습니다. 만일 1~4점 스코어링 시스템의 값을 예시로 든다면 다음과 같이 정의할 수 있습니다.

- **1점**: 질문의 핵심을 놓친 서툰 답변
- **2점**: 좋은 요소가 있지만 상당한 결함이 있는 불완전한 답변
- **3점**: 답변 내용이나 폭에 대한 문제 때문에 설득력 있지만 결함 있는 답변
- **4점**: 높은 역량을 나타내면서도 질문을 이해하고 충분히 답변하는 이상적인 답변

후 보 자 협 의 과 정

레퍼런스 체크

서류 심사와 인터뷰 프로세스로 유력한 후보자를 추렸다면 이제 리크루터와 하이어링 매니저가 협의하여 채용할 후보자를 선발해야 합니다. 보통 인터뷰 결과에 따라 후보자를 선발할 수 있지만, 인터뷰만으로 후보자의 역량이나 경험을 알기 어렵거나, 후보자가 정말 우리 기업과 해당 포지션에 적합한지 추가로 검증하기 위해 후보자의 레퍼런스(평판)를 검토하는 방식을 활용하는 경우도 있습니다.

레퍼런스 체크Reference Check는 후보자의 전/현 직장 동료 및 상사,

SWAN 공식

SWAN 공식은 Smart, Work hard, Ambitious, Nice의 약자입니다. 선발하고자 하는 인재상을 명확히 규정하는 데 있어 SWAN 공식을 활용할 수 있습니다.

- **S**mart(똑똑한): 문제해결력이 뛰어난 똑똑한 사람을 의미합니다. 스티브 잡스는 "해야 할 일을 말할 수 있는 똑똑한 사람을 채용하라(hire smart people so they can tell you what to do)"라고 항상 말해왔습니다. 특정 직무에 필요한 지식 수준을 갖춘 사람이 더 빠르게 습득하고, 실수를 줄이며, 생산적으로 일하기 때문입니다.
- **W**ork hard(열심히 일하는): 열심히 일하는 것은 성향에 가깝습니다. 성향은 쉽게 변하지 않기 때문에 선발 과정에서 끈기와 근면한 사고방식을 가진 이를 채용하는 것이 중요합니다. 부지런한 사람은 대체로 결단력을 갖추고 노력하는 사람이며, 직업윤리와도 밀접하게 연관되어 있습니다.
- **A**mbitious(야망 있는): 야망이 있는 사람들은 성공하려는 열망이 강합니다. 성장하고자 하는 욕구와 동기부여, 활력, 헌신과 공동의 목적을 가진 사람은 조직에서 좋은 성과를 가져올 확률이 높습니다.
- **N**ice(친절한): 회사와 고객의 핵심 가치에 부합하는 사람을 말합니다. 긍정적인 태도와 배려하는 자세, 신뢰를 바탕으로 우리 회사의 핵심 가치 안에서 낙천적인 기운을 가진 사람을 채용하는 것이 중요합니다.

SWAN 공식을 바탕으로 인터뷰를 설계한다면 체계적으로 후보자를 비교 검토하고, 우리에게 더 적합한 사람을 성공적으로 채용할 수 있습니다.

사업 파트너 등 업무적 관계가 있었던 사람들에게 후보자의 업무 경험과 행동 등을 검증하는 공식적인 채용 프로세스입니다. 레퍼런스 체크는 후보자 본인이 지정한 추천인Referee(레퍼리)을 대상으로 진행합니다. 대체로 후보자의 장점 혹은 긍정적인 부분만 언급하므로 레퍼런스 체크가 실효성이 있는지에 대해 말도 많습니다. 하지만 레퍼런스 체크는 후보자의 현재 혹은 과거의 경험에 대한 외부 평가자의 목소리를 들을 수 있는 유일한 통로이며, 후보자의 강점과 한계에 대해 알 수 있고 미래의 성공 가능성을 예측하는 프로세스로 여겨집니다.

이력서나 지원서에는 100% 명백한 사실만 담고 있지는 않습니다. 어떤 부분은 후보자의 실제 경험과 일부 다를 수도 있고 과장된 내용도 있을 수 있죠. 레퍼런스 체크는 사실을 확인하는 수단으로 활용할 수 있습니다. 보통 후보자와 함께 일한 추천인은 후보자가 어떤 사람과 함께 일하고 무엇을 성취했으며 무엇을 할 수 있는지를 알고 있기 때문에 이력서 내용의 대한 사실 여부를 잘 파악할 수 있습니다.

레퍼런스 체크를 채용의 마지막 단계에 진행하는 이유는 후보자에 대한 선입견은 최대한 배제하기 위해서입니다. 또한 레퍼런스 체크로 인터뷰에서 놓친 사항을 추가로 검증할 수 있습니다. 예를 들어, 이력서와 인터뷰 과정에서 후보자의 경력이 왜곡되거나 과장되지는 않았는지 확인하거나, 인터뷰 과정에서 우려되는 부분이 있었다면 이런 사항을 주변인을 통해 검증하는 것입니다. 후보자가 면접을 아주 잘 진행했더라도 혹여나 별도의 우려 사항은 없을지에 대해 더블 체크도 할 수 있습니다.

미국의 홍보 마케팅 업체 CISION에서 1,000명 이상의 고위 관리자를 대상으로 조사한 설문조사에 따르면, [3]후보자 5명 중 1명 이상이 레퍼런스 체크를 한 후 최종 불합격을 한다고 합니다. 레퍼런스 체크에서 얻은 통찰 덕분에 많은 회사에서 잘못된 채용으로 인한 리스크를 면할 수 있다고 얘기하죠.

보통은 채용팀 내부에서 자체적으로 질문지를 구성하여 진행하거나, 서치펌이나 레퍼런스 체크 전문 업체에 의뢰하여 진행되는데 두 케이스 모두 아래와 같은 일반적인 프로세스로 진행됩니다.

① 후보자에게 최소 세 명의 추천인을 받는다.
② 추천인과 레퍼런스 체크 담당자와 통화 일정을 협의한다.
③ 구체적인 질문지를 준비한다.
④ 레퍼런스 체크를 진행한다.
⑤ 레퍼런스 체크 결과를 기록하고 채용 의사 결정자와 공유한다.

더불어 레퍼런스 체크 과정에서 확인해야 할 기본적인 사항은 다음과 같습니다.

---

[3] 출처: https://www.prnewswire.com/news-releases/officeteam-survey-reference-checks-remove-one-in-five-job-candidates-from-consideration-96871544.html

- 추천인과 후보자의 관계, 후보자의 현재 상황, 직위/직무 등
- 후보자가 현재 직장에서 이직하려는 사유
- 후보자가 해당 포지션에 적합하다고 생각하는 이유
- 후보자의 장점과 단점, 개선이 필요하다고 생각하는 부분
- 동료 및 상사, 팀원 간 유대 관계 혹은 대인 관계
- (후보자가 직책이 있는 경우) 후보자의 리더십 역량 및 동료와의 신뢰 관계
- 기회가 있다면 후보자와 다시 일하고 싶은지? 그렇다면 그 이유는?
- 업무 관련 윤리적 이슈(횡령, 배임, 성희롱, 잦은 지각 등)는 없는지?
- 기타 후보자의 경력에 대한 확인
- 후보자의 특이 사항

레퍼런스 체크 또한 하나의 정식 채용 프로세스이기 때문에, 후보자와 현업 입장에서 리크루터가 고려할 수 있는 몇 가지 팁을 공유합니다. 면접관의 의견을 구하고 질문지를 구성하세요. 면접관은 이미 후보자에게 합격 의견을 주었기 때문에 그다음 절차인 레퍼런스 체크까지 진행된 것이지만, 면접 과정에서 조금이라도 우려되거나 더 알고 싶었던 부분을 추가적으로 해소할 수 있는 절차로 활용될 수 있습니다. 레퍼런스 체크 질문지를 구성하기 전에, 면접관과 충분히 이야기를 나누고 면접관이 추가로 확인하고 싶은 내용을 추가하여 진행한다면 혹여나 면접 과정에서 놓쳤던 부분을 발견할 수 있을 것입니다.

구체적인 답변을 끌어내기 위해서는 레퍼리에게도 충분한 설명과

구체적인 질문이 필요합니다. 레퍼리에게 일방적으로 "후보자가 이 포지션을 잘할 수 있을 것이라 생각하나요?"라고 묻는 것보다 후보자가 진행하고 있는 포지션이 어떠한 역할이고, 이 역할을 성공적으로 수행하려면 어떠한 역량이 있어야 하는지 구체적으로 설명한 후, 후보자가 해당 역할에 부합한다고 생각하는지 물어보는 것이 훨씬 효과적입니다.

레퍼리에게 후보자의 경험이나 역량에 대한 구체적인 예시를 요청하거나 추천인이 알고 있는 프로젝트에 대해 자세히 물어보는 등 개방적인 질문을 하세요. "후보자에 대해 알려주세요"라고 모호하게 질문하면 레퍼리 또한 "훌륭한 분입니다" 정도의 답변으로 그칠 수 있기 때문이죠. 예를 들어, "후보자가 당신(레퍼리)과 어떤 프로젝트에서 함께 일했다고 전달받았습니다. 해당 프로젝트에서 후보자의 역할에 대해 자세히 말씀해주실 수 있나요?"처럼 레퍼리가 여러 가지 상황을 복기해보고 생각해볼 수 있는 상황들을 먼저 상세하게 안내해주는 것이 필요합니다.

한편 레퍼리는 좋은 잠재 네트워크가 될 수 있습니다. 최종 합격이 결정된 후보자는 분명 역량이 높고 우리 기업의 인재상이나 문화에도 잘 맞는 사람일 것입니다. 이들이 추천한 레퍼리 또한 해당 포지션의 전문가이거나 후보자와 비슷한 역량을 지닌 사람들일 가능성이 큽니다. 그러니 해당 추천인 리스트를 좋은 네트워크 풀Pool로 활용할 수 있는 방안을 고려해보세요. 또 다른 채용 채널이 될 수 있습니다.

다만, 후보자의 동의를 받아서 진행하는 레퍼런스 체크는 그 결과나 내용의 객관성을 확보하기 어렵다는 단점도 있습니다. 어떤 경우는 후보자가 전달하지 않은 사람들을 찾아 평판을 확인하거나, 후보자가 전달한 레퍼리에게 다른 레퍼리를 추천받는 경로를 통해 추가 체크를 하기도 합니다. 후보자가 모르는 제삼자를 지정해 레퍼런스 체크를 블라인드 형식으로 진행하거나, 레퍼런스 체크를 진행하는 인사 담당자의 지인 혹은 네트워크를 통해 비공식적으로 진행하기도 하고요. 이처럼 후보자의 동의를 받지 않고 진행한 레퍼런스 체크의 경우 개인정보보호법에 따라 법적 처분을 받을 수 있으니 각별히 유의해야 합니다.

개인정보보호법 제 71조에는 '정보주체의 동의를 받지 아니하고 개인정보를 제삼자에게 제공한 자 및 그 사정을 알고 개인정보를 제공받은 자는 5년 이하의 징역 또는 5천만 원 이하의 벌금에 처한다'라고 명시되어 있습니다.

어떤 후보자든 아직 입사가 최종 확정되지 않은 상태에서 현재 재직하고 있는 회사에 이직을 준비하는 중이라는 사실을 밝히지 않을 것입니다. 그래서 지원 사실을 현재 회사에 얘기하기 전까지는 비밀에 부쳐야 하죠. 혹여나 레퍼런스 체크를 진행하다가 후보자의 현재 회사에 후보자의 이직 준비 사실이 알려지면 매우 곤란한 상황이 발생할 수 있습니다. 그러므로 레퍼런스 체크를 진행할 때 개인정보보호법 등 관련 법규를 준수하고 이에 대한 후보자의 동의서를 받는 등의 철저한 준비가 필요합니다. 더불어 레퍼런스 체크의 결과는 후보자의 채용 목적으로만 사용해야 하며 해당 채용과 관련이 없는 제삼자에게 관련 내용을 공유하거나 전달해서는 안 되겠죠.

처우 협의 프로세스

일반적인 처우 협의 프로세스는 후보자의 현재 처우 상황에 대한 정보와 자료를 먼저 요청하고, 해당 자료를 받아 내부 연봉 테이블에 맞추어 후보자의 적정 연봉을 산정하는 방식으로 진행됩니다. 처우 산정이 완료된 이후 해당 처우가 내부에서 승인되면 후보자에게 처우 금액이 담긴 최종 제안 메일Offer Letter을 발송하죠. 제안한 처우를 후보자가 수락하면 후보자의 입사가 결정됩니다.

이렇게 처우 협의 단계만 보면 간단해 보입니다. 하지만 처우 협의 단계는 그 어느 채용 단계보다 전략적으로 접근해야 하는 단계라고 말할 수 있습니다. 처우 협의의 표면적인 목표는 후보자가 만족할만한 수준으로 처우를 제시함으로써 입사를 결정하게 하는 것입니다. 이를 달성하기 위해서는 후보자의 니즈를 이해하고, 우리 회사가 속한 산업과 시장, 경쟁사를 충분히 이해해야 하죠.

채용 담당자는 처우 협의는 연봉의 액수만을 결정하는 단순한 작업으로 생각해서는 안 됩니다. 연봉과 처우를 산정하는 것은 누군가의 수입에 영향을 주는 일이고, 더 나아가 누군가의 삶과 생계에 영향을 미칠 수 있는 작업입니다. 그러므로 책임감과 이해심을 가지고 회사와 후보자 모두 최대한 만족할 수 있는 최종 합의점을 찾는다는 소명 의식을 가지고 신중하게 임해야 합니다.

처우 협의 전에 꼭 알아둬야 할 점으로, 후보자가 지원한 포지션이 후보자의 어떠한 니즈를 채워줄 수 있고, 어떻게 후보자의 성장과 발전을 끌어낼 수 있는지를 먼저 생각해보면 좋습니다. 채용 프로세스 결과물(면접 결과, 면접관의 피드백) 등은 처우 산정에 반영할 수 있으므로 해당 결과나 기록을 상세하게 작성해두는 것이 좋습니다. 그다음에는 후보자의 입장에 서서 적합한 처우를 산정하기 위해 어떠한 정보가 필요한지 지속적으로 고민해보아야 합니다.

보상 이야기는 잠시 접어두고, 실제 일과 포지션 자체에 후보자가 만족할 수 있을지, 후보자가 만족스러운 연봉을 받았을 때는 기꺼이 행복하게 일할 수 있을지도 고민해보세요. 필요하다면 후보자와도 이와 관련하여 얘기를 나누어보세요. 후보자의 대답에 따라 당신이 왜 이 포지션에 적합한지, 왜 우리 회사로 와야 하는지에 대한 설득 작업이 필요할 수도 있습니다. 해당 포지션에 대해서 혹은 우리 회사로 입사하는 것에 대해서 우려 사항이 있다면 이를 먼저 해결하고, 일 자체에 만족한다는 부분을 확인한다면 이제는 보상에 대해 이야기를 할 시점이죠. 객관적인 산정을 통해 결과를 후보자에게 전달하는 과정이 남은 것입니다.

처우는 여러 조건과 항목을 고려하여 산정합니다. 회사마다 다른 산정 구조를 가지고 있고, 포지션마다 다른 산정 방식을 취하기 때문에 어떤 게 맞다고 단정할 수는 없습니다. 다만 많은 회사에서 산정하는 방식을 종합해보면, 후보자의 현재 연봉 관련 정보와 자료, 필요하다면 이전 직장에서의 연봉 정보를 받고, 현재 우리 회사의 연봉 구조 및 연봉 테이블과 비교하며, 면접 결과와 면접관의 피드백, 시장에서의 해당 포지션의 대략적인 연봉 수준 및 채용하려 하는 포지션의 내부 중요도, 희소성 등을 종합하여 처우 수준을 산정합니다.

처우 협의 단계에서 고려되는 보상 관련 항목들은 굉장히 다양한데, 그중 가장 많이 사용되는 항목을 살펴봅시다.

기본급Base Salary: 현재 시점 기준의 계약 연봉을 뜻합니다.

인센티브Incentive 또는 **경영 성과급**: 일반적으로 회사의 경영 성과에 따라 이윤 배분의 차원에서 지급 여부 및 지급 금액이 결정됩니다. 고정적으로 지급되는 성과급과, 성과가 있을 경우 지급되는 변동성 성과급이 있습니다. 또한, 일부 기업은 주로 임원급이나 핵심 인재에 대해 2~3년 장기간에 걸쳐 장기 인센티브Long Term Incentive, LTI를 지급하는 경우도 있습니다. 장기 인센티브는 직원의 리텐션(재직)을 위한 보상이므로 리텐션 보너스와 비슷한 측면이 있는데요. 곧바로 일시금으로 지급하는 보상이 아니라 특정 연도 재직 시마다 인센티브를 지급한다는 점이 다릅니다.

리텐션 보너스: 재직 중인 핵심 인재의 이직을 억제하기 위해 계속 재직하는 것에 대한 보상으로서 선불식으로 지급하는 일시금 형태의

보너스입니다.

사이닝 보너스: 일반적으로 경력직군 채용 시 우수 인재를 영입하기 위해 아직 근로를 하지 않았음에도 선불식으로 지급하는 일시금 형태의 보상입니다. 리텐션 보너스와 비슷한 개념으로 인재 확보 및 유지를 위한 보상 개념으로 많이 활용되고 있습니다. 리텐션 보너스와 사이닝 보너스는 미래의 재직을 담보 받기 위한 보상으로 보통 의무 재직 기간을 설정합니다. 설정된 기간 만료 전 중도에 퇴사할 경우 미리 지급받았던 보너스를 기간에 따라 일정 부분 반환하거나 전액 반환하는 약정을 하는 것이 일반적입니다.

스톡 옵션 Stock Option: 특정한 조건하에서 특정한 개수의 주식을 특정한 가격에 매입할 수 있는 권한을 의미합니다. 스톡 옵션은 주식 자체가 아니라 주식을 매입할 수 있는 권한, 즉 주식에 대한 일종의 콜 옵션Call Option입니다. 주식과 주식을 매입할 수 있는 권한 또는 옵션은 명확히 구분됩니다. 스톡 옵션은 주가 하락의 위험을 부담하지 않고, 그 자체로는 주식 자체의 가치보다 작습니다.

기타 현금성 복지: 4대 보험, 연금 가입, 수당 제도, 식대, 복지 포인트, 동호회, 명절/기념일, 의료/건강, 사무실 환경, 휴일/휴가

대부분의 회사에서는 기본적으로 '기본급'에 대한 처우 제안을 바탕으로 하고, 부가적으로 회사에서 제공하는 현금성 복지, 스톡 옵션 등의 보상을 포함하기도 합니다. A 후보자에게는 기본급만 제안할 수

있고, B 후보자에게는 기본급과 사이닝 보너스를, C 후보자에게는 기본급, 리텐션 보너스, 스톡 옵션 등을 제안하며 후보자의 기대치나 역량에 최대한 부합하는 보상 패키지를 후보자별 역량에 따라 다양하게 구성합니다. 이러한 구분은 후보자의 현재 연봉, 면접 결과 혹은 피드백, 포지션의 중요도, 희소성, 시장에서의 당사 연봉 수준 등을 고려하여 후보자별로 다르게 적용되죠.

그렇다면 이렇게 산정된 처우 금액을 성공적으로 진행하기 위해, 즉 후보자의 처우 수락률을 높이기 위해 리크루터가 할 수 있는 것으로는 무엇이 있을까요? 강력한 보상 또한 처우 수락률을 높이는 한 가지 방법이겠지만, 현실적으로 정말 높은 보상을 제공할 수 있는 회사가 많지 않으며, 가장 좋은 방법도 아닙니다. 처우가 더 잘 진행되기 위해 리크루터가 해두어야 할 것들을 살펴봅니다.

가장 먼저 후보자의 동기를 파악하세요. 지원한 포지션과 역할에 대해 후보자가 좋아하는 것과 싫어하는 것, 우려하는 것은 무엇인지, 후보자가 해당 포지션에 지원한 이유는 무엇인지, 5년 후 후보자는 어떤 경력을 쌓고 싶은지 등을 후보자의 실질적인 동기부여 요소를 확인한 후, 처우 제안과 함께 후보자의 동기부여를 극대화할 수 있는 정보를 정직하게 전달해보세요. 예를 들어, 후보자가 현재 재직 중인 회사에서 성장 가능성이 더 이상 없는 것을 고민한다면, 우리 회사에서 가지고 있는 내부 교육 프로그램이나 인재 개발 프로그램 등을 강조하며, 성장할 수 있는 기회들이 어떠한 것이 있는지에 대한 정보를 제공하는 것이죠. 필요한 경우, 다른 부서의 현업 담당자나, 리더, 임원, CEO까지 나서서 후보자를 설득할 수 있는 준비가 되어 있으면 좋습니다.

채용 과정에서의 뛰어난 후보자 경험은 처우 협상에도 반영됩니다. 후보자 경험은 회사에 대한 후보자의 마음을 좋거나 나쁘게 바꿀 수 있습니다. 채용 시 후보자들 사이에서 공통적으로 제기되는 불만 중 하나는 리크루터와 의사소통이 명확하지 않다는 것인데요. 이런 불만을 방지하기 위해 처우 협의 전부터 후보자와의 커뮤니케이션 기회를 많이 만들며 라포Rapport(친밀감)를 형성해두면 좋습니다. 면접관의 좋은 태도 또한 후보자 경험에 큰 영향을 미치게 됩니다. 면접관의 똑똑한 질문, 후보자를 배려하는 행동 및 경청하는 자세 등 짧은 면접 시간 동안 보여주는 작은 행동도 회사의 브랜딩이 되어 후보자에게 바로 전달됩니다. 리크루터가 제공하는 후보자 경험뿐만 아니라 면접 과정에서의 경험 개선을 위한 면접관 교육 프로그램 또한 좋은 경험을 줄 수 있는 포인트를 잘 짚어내어 설계하면 이후에 처우 협의를 성공적으로 풀어가는 데 도움이 될 수 있습니다.

채용 방식이 간단할수록 처우 수락률이 높아집니다. 최고의 인재를 선발하려면 꼭 복잡하고 채용 프로세스가 필요한 것이 아닙니다. 채용 프로세스가 너무 길고 어려우면 후보자의 경험에 부정적인 인식을 줄 수 있고, 긴 채용 프로세스에 지치기도 하며 꼭 입사하고 싶다는 지원 당시의 의지가 점점 줄어들 수도 있습니다. 채용 방식이 간단할수록 채용 속도를 높일 수 있고 결과적으로 처우 수락률 또한 높이는 방법이 될 수 있습니다. 채용 프로세스를 효과적으로 설계하여 불필요한 단계와 방식을 줄여보세요.

정말 꼭 채용하고 싶은 후보자나, 높은 연봉을 받을 것으로 추측되는 후보자라면 채용 프로세스 초반에 그들의 기대치를 미리 파악하는 것도 좋습니다. 연봉 수준이 높은 후보자라면 여러 다른 포지션 제안을 많이 받고 있을 확률도 높고 이미 프로세스를 진행하고 있는 회사도 여럿 있을 것이기 때문에 후보자의 기대 연봉을 알면 우리 회사의 경쟁력이 있는지 가늠하고 전략을 세워둘 수 있습니다. 동시에 입사 결정을 할 수 있는 최소 처우 범위는 어느 정도인지도 함께 파악해 합의점을 찾아가는 작업을 사전에 진행하기를 추천합니다.

그리고 처우 제안은 꼭 구두로 설명하세요. 처우 제안을 이메일로 전달하고 이외의 부가적인 설명 없이 후보자의 수락 여부를 기다리지 마세요. 해당 처우를 산정하게 된 이유부터 시작하여 각 처우 항목을 상세하게 설명하고 내부 평가 및 보상 제도, 회사의 성장성, 처우 이외에 해당 업무에서 얻을 수 있는 것들 등, 단순히 액수 제안에서 더 나아간 후보자의 커리어 청사진을 제시하고 후보자가 행복한 마음으로 처우를 수락할 수 있도록 소통하는 시간을 가져보세요.

인터뷰
돌발 상황

인터뷰를 하다 보면 통제 불가능한 돌발 상황을 자주 마주하는데요. 처음 리크루터로 일을 시작했을 때 대부분의 상황에 대비했다고 생각했음에도 당황스러운 순간이 아주 많았어요. 몇 가지 당황스러웠던 순간을 공유하며, 이런 상황이 생겼을 때 저보다는 조금 더 의연하게 대처할 수 있길 바랍니다.

사용자가 지원해 면접에 참여했다?

아, 시작부터 범상치 않았습니다. 후보자의 지원 동기가 '대체 이 서비스를 만든 사람이 누군지 얼굴 좀 보고 싶어서 왔다'였으니 말이죠. 후보자가 그동안 서비스에 대해 가졌던 불만 사항을 쉼 없이 토로하는데, 면접에 동석한 실무진의 표정이 굳기 시작했습니다. 후보자의 관심을 업무 쪽으로 돌리려고 애썼지만 생각대로 되지 않았죠. 전략을 바꿔 답변 하나하나가 외부에 전파되지 않도록 리스크를 관리하는 데 가장 우선순위를 두고 인터뷰를 진행했습니다.

정보 탐색꾼이 있다?

위와 비슷한 사례인데요. 스크리닝 콜(사전 전화 면접)을 할 때였습니다. 인터뷰는 평탄하게 끝났고, 질문을 받기 시작했는데요. 이 후보자는 대개 궁금해하는 처우나 팀 분위기, 업무에 대한 이야기가 아니라 회사 내부 정보를 세세하게 물었습니다. 내부에서만 알고 있던 자회사 설립 계획의 구체적인 시기와 정보, 현재 매출액 추이 같은 질문이 이어지다 보니 어딘가 싸한 느낌을 받았습니다. 그래서 구체적인 답변을 드릴 수 없다고 양해를 구했죠. 그리고 얼마 후 답변과 비슷한 내용이 담긴 신문 기사를 마주했습니다.

오해할 수 있는 질문, 누가 수습하죠?

면접관 교육과 인터뷰 가이드를 상세하게 해도, 채용 담당자만큼 채용을 중요하게 생각하는 현업 담당자가 아주 많지 않다고 느낄 때가 많습니다. 면접 중 현업 담당자가 리스크가 있는 질문을 할 때도 있습니다. 매 순간 집중하며 이슈가 발생한 즉시 '답변하기 어려우시다면 꼭 하지 않으셔도 됩니다.', '이 질문은 이러한 의도로 드린 질문이니 오해하지 않으셨으면 좋겠습니다.'와 같이 개입해서 그 자리에서 해결하는 것이 좋습니다. 그렇지 않다면 다양한 플랫폼에서 아주 오랫동안 부정 동향으로 남을 수도 있고, 열심히 쌓아올린 채용 브랜딩이 무너지는 계기가 될 수 있습니다.

금쪽 상담소가 되어버린 인터뷰 시간

　　　　　　리크루터 포지션 채용을 위한 인터뷰에 참여했을 때였습니다. 한 후보자가 긴장한 기색으로 인터뷰에 들어오며 떨리는 목소리로 열심히 준비한 자기소개를 진행하더라고요. 본인의 경력과 경험에 대해 설명할 때 정말 대단하다, 잘해 오셨다, 멋지다 같이 반응해주고 눈을 마주치며 대화하는 형식으로 면접을 진행해 분위기를 최대한 부드럽게 만들었습니다. 그러자 후보자는 긴장이 풀렸는지 눈물을 보이며 본인이 여태껏 면접을 진행하며 이렇게 응원을 받는 것이 처음이라고 하더라고요. 너무 힘이 나고 감사하다고 하며, 그간 본인의 커리어를 쌓아오며 힘들었던 일을 가감 없이 털어냈습니다. 어떤 경험을 쌓아왔는지 진심으로 잘 느껴져서 후보자의 입장에서 많이 공감할 수 있었고, 리크루터 커리어와 관련된 조언을 전달해서 훈훈하게 금쪽 상담소처럼 인터뷰를 마무리했습니다.

3

다이렉트 소싱 간단 정복

다 이 렉 트   소 싱   이 해 하 기

다이렉트 소싱은 무엇인가요?

'소싱Sourcing'이라는 단어는 많이 접해보셨나요? 보통 '상품을 소싱하다', '신규 업체를 소싱하다' 등의 표현으로 많이 사용되는데, 말 그대로 특정한 곳에서 무언가를 '얻다'라는 의미로 많이 활용됩니다.

그렇다면 채용에서 '다이렉트 소싱'은 무엇일까요? 우리가 꼭 모셔오고 싶은 사람을 영입하는 것, 채용 시장에 있는 좋은 인재를 직접 찾고, 필요한 경우 후보자를 설득하고, 회사와 지원하는 포지션에 대한 충분한 정보를 제공해서 우리 회사로 지원할 수 있게 하는 전략을 수행하는 활동을 말합니다. 적극적으로 이직을 원하는 후보자뿐만 아니라 이직에 적극적이지 않은 후보자 중에서도 좋은 인재가 있다면 직접 찾고 설득하는 과정을 거쳐서, 후보자의 관심을 불러일으키고 지원 의사를 파악해 우리 회사의 채용 파이프라인으로 유입시키는 일을 통칭하기도 합니다. 채용 담당자의 업무 중 소싱 업무가 분리되어 '소서Sourcer'라는 직무가 따로 생길 정도로 다이렉트 소싱 업무 자체가 상당히 전문화, 고도화되었습니다.

사실 기업에서 다이렉트 소싱을 직접 진행한 지는 얼마 되지 않았습니다. 보통 인재를 직접 서치하고 소싱하는 업무는 주로 서치펌 Search Firm을 통하여 진행하는 경우가 많았습니다. 앞 장에서 다루었던 것처럼 이전에는 기업에서 서치펌에게 포지션에 적합한 인재 서칭이나 추천을 의뢰하고, 채용이 성사될 경우에 서치펌에게 비용을 지불하는 방식으로 진행했는데요. 기업 자체에서 직접 외부 후보자를 찾고 연락하는 업무는 거의 없었습니다. 기업 간의 경쟁이 치열해지고 스타트업도 많이 생겨나면서, 기업 입장에서는 우리 회사의 인재상이나 조직 문화에 적합한 사람의 수요가 급증했고, 채용하고자 하는 포지션에서 요구하는 역량과 업무에 대한 전문성을 갖춘 인재가 필요해졌습니다. 그러나 기업의 채용을 대행하는 서치펌이 각 회사의 조직 문화나, 인재상, 구체적인 역량을 다 파악하기에는 어느 정도 한계가 있습니다. 이제 기업 내부에서도 기업 채용 담당자가 후보자를 직접 만나 대면 미팅을 진행하거나, 전화를 하거나, 이메일을 보내는 등 다양한 수단으로 다이렉트 소싱을 진행하게 되었죠.

다만, 채용 담당자가 담당하는 모든 포지션을 다이렉트 소싱으로 진행하기는 어렵습니다. 채용 담당자는 소싱 업무 이외의 다른 채용 업무도 상당히 많고 업무가 복잡하게 얽혀 있는 데다, 워낙 많은 포지션의 운영과 관리를 담당하기 때문에 모든 포지션에 대한 소싱을 진행할 리소스도 부족하기 때문입니다.

모든 포지션을 다이렉트 소싱으로 진행할 수는 없으며 사실 그럴 필요도 없습니다. 먼저 소싱으로 진행 가능한 포지션과, 진행하지 않아도 되는 포지션을 잘 구분해야 합니다. 이를 구분하기 위해서는 포지션 소싱을 진행할 때 해당 포지션이 소싱이 필요한 이유가 무엇인지 분명하게 알고 시작해야 합니다.

다이렉트 소싱 프로세스

다이렉트 소싱 프로세스는 다음과 같이 네 단계로 나눠 볼 수 있습니다.

다이렉트 소싱 프로세스

1 다이렉트 소싱의 필요성 인지하기

다이렉트 소싱을 하려면 많은 자원과 노력을 부단히 투자해야 하지만 실제 결과가 그에 비례하지 않기 때문에 인내심이 필요합니다. 우리 회사만의 셀링 포인트Selling Point 혹은 회사의 비전, 방향성 등을 후보자에게 잘 전달하더라도 채용 담당자가 제안하는 포지션에 선뜻 지원하거나 수락하는 비율은 낮습니다. 단순히 숫자로만 보았을 때, 채용 담당자가 투입하는 리소스만큼 다이렉트 소싱의 결과물이 나올 거라고 기대하기 어렵죠.

　보통 특정 포지션을 다이렉트 소싱으로 진행할 때 해당 포지션의 지원자 유입이 상대적으로 저조한 경우 혹은 특정 시점에 반드시 해당 포지션에 대한 인원이 필요할 경우가 있습니다. 예를 들어, 내년 상반기 신규 서비스 출시를 위한 특정 직무의 인원이 필요하다면 공고로 유입되는 후보자만 기다릴 수 없으니 적극적으로 외부의 다른 후보자들을 찾아서 해당 서비스 출시가 원활하게 진행될 수 있게 해야 하죠. 이럴 때 다이렉트 소싱은 인재를 빠르게 영입하고 채용하는 하나의 방법과 채널이 될 수 있죠. 특정 기업에서의 근무 경험이나 특정 자격 요건을 갖춘 후보자가 필요한 경우에도 해당 경험을 가진 후보자를 직접 찾아서 영입하는 과정이 필요합니다.

　다이렉트 소싱은 회사 입장에서 회사의 상황에 맞는 더욱 적합한 후보자를 타기팅해서 찾을 수 있는 장점이 있지만, 채용 담당자 개인의 역량이나 업무 스킬 향상에도 큰 도움이 됩니다. 다이렉트 소싱을 담당하는 채용 담당자는 상당히 많은 후보자의 이력서를 보게 되고, 후보자가 현재 재직 중이거나 과거에 재직했던 회사들에 대해서 알게 됩니다. 특정 포지션의 후보자들은 대략적으로 어떤 커리어 패스를 가지고 있는지, 업계에서 잘하는 사람들은 주로 어느 회사에 많이 재직하는지 등 적합한 후보자를 찾고 연락하고 커뮤니케이션하는 과정에서 해당 포지션의 산업에 대한 이해도나 트렌드를 자연스럽게 이해할 수 있습니다. 더불어 많은 후보자를 보고 연락하는 과정에서 특정 포지션으로 제안할 수 있을 것 같은 후보자나 도움을 주고받을 수 있는 후보자와 좋은 관계를 유지하며 채용 담당자 개인의 인맥으로 만들 수 있습니다.

2 재료 수집하기

소싱을 시작하기로 결정했다면 현업 담당자와 충분히 논의하여 소싱을 진행하기 위한 재료들을 수집해야 합니다. 채용 담당자가 효율적으로 적임자를 서칭할 수 있도록 현업으로부터 채용 포지션 관련 정보를 제공받는 것입니다. 해당 정보들을 기준으로 채용 담당자는 외부 후보자를 서칭하고 일차적으로 판별하여 현업에게 전달할 수 있죠. 포지션마다 재료 수집을 위한 정보를 충분히 수집한 후에 소싱을 진행하는 것이 효율적입니다. 그럼 소싱을 하기 위해 현업과 어떤 정보, 재료들을 논의해야 할까요?

첫 번째로는 후보자에게 요구되는 최소한의 필수 요건입니다. 채용하려는 포지션의 모집 공고에 포함된 모든 조건을 다 갖추고 있는 후보자는 시장에 많지 않습니다. 그래서 후보자가 최소한으로 갖추고 있어야 할 역량이나 스킬, 영역을 확인하는 과정이 필요한데요. 이때 현업에서 후보자에 대해 최소한 검토는 해볼 수 있는 요건이 무엇인지 꼭 논의해보세요. 채용 담당자는 해당 요건을 가지고 있지 않은 후보자를 소싱 단계에서 고려하지 않아도 되기 때문에 소싱의 효율성과 정확성을 높일 수 있는 방법이기도 합니다.

두 번째는 후보자를 서칭할 때 필요한 키워드를 확인해야 합니다. 이는 앞서 말한 '후보자가 꼭 갖추고 있어야 할 요건'과도 부합하는데, 해당 포지션과 연관된 키워드를 최대한 많이 알고 있을수록 적합한 후보자를 찾는 과정에서 정말 많이 도움이 되기 때문이에요. 특히나 채용 담당자가 다이렉트 소싱을 위해 가장 많이 사용하는 링크드인 같은 온라인 플랫폼에서도 해당 키워드를 기준으로 후보자를 물색하게 되죠.

세 번째는 소싱하고자 하는 후보자가 있는 곳입니다. 즉, 채용하고자 하는 포지션의 후보자가 현재 근무하는 회사가 어디인지 알아야 합니다. 특정 포지션이 요구하는 역량을 갖춘 인재가 분포한 기업을 현업 담당자와 논의해보는 것이 좋습니다. 동종 업계의 현황과 산업 트렌드, 뉴스를 살펴보며 외부의 상황을 지속적으로 파악하여 타깃 기업을 리스트업합니다.

마지막으로 후보자를 설득할 기업의 셀링 포인트입니다. 기본적으로 회사의 방향성과 성장성에 초점을 두고 후보자에게 기업을 셀링하며, 더 구체적으로 해당 포지션에서의 경험을 통해 후보자가 얻을 수 있는 것이 무엇인지 파악하여 설득해야 합니다.

3 서칭

앞서 얘기한 소싱을 위한 재료들을 가지고 본격적으로 외부의 후보자를 찾는 과정입니다. '서칭' 과정이라고 하는데, 보통 인재 풀이 모여 있는 플랫폼, 예를 들어 링크드인, 사람인, 잡코리아, 리멤버 등에서 적합한 후보자를 서칭하게 됩니다. 물론 온라인 플랫폼뿐만이 아닌 채용 담당자 개인의 네트워크나, 사내 추천, 뉴스 기사 등의 다른 외부 오프라인 채널을 통해서도 서칭할 수 있습니다. 좋은 후보자를 찾는 과정에서 채널에 제한을 두어서는 안 되겠죠. 그래서인지 점점 다양한 채널들을 발굴하고 생성하는 채용 담당자들이 많아지고 있습니다.

이렇게 서칭되는 후보자 중 적합한 후보자들은 별도의 리스트로 저장하거나 후보자 데이터베이스로 관리합니다. 여기서 꼭 현재 채용해야 하는 포지션에 적합하지 않더라도 추후 다른 포지션이나 다른 역할로 제안할 수 있을 것 같은 잠재적인 후보자들도 데이터베이스화하면 필요할 때 연락하거나 후보자의 상황을 확인할 수 있습니다. 데이터베이스화라고 해서 대단한 데이터베이스 관리 스킬이 필요한 것이 절대 아닙니다. 후보자에 대한 간략한 정보, 현재 시점의 후보자의 상황 정도만 잘 메모해두어 문서화해도 됩니다. 우리는 하루에도 수많은 후보자의 이력서나 프로필을 보게 되는데, 그중에는 그냥 보기만 하고 지나치기에는 정말 좋은 후보자가 많죠. 그냥 훑고 지나가기보다는 한 명 한 명 잠재적인 후보자로 인식해서 좋은 관계를 구축하고 관리하는 습관이 필요합니다. 실제 온라인 플랫폼에서 후보자를 서칭하는 방법에 대해서는 다음 장에서 자세히 알아보겠습니다.

4 컨택과 셀링

후보자 서칭 후 적합한 후보자를 리스트업하면 후보자에게 직접 연락하는 컨택Contact 단계가 남습니다. 다이렉트 소싱을 위해 전략적으로 준비하고 실행했던 모든 일이 컨택 단계에서 결과로 나타납니다. 후보자가 실제 지원 여부를 결정하는 단계이므로 신중하게 접근해야 하기도 하고요. 이 단계에서 채용 담당자는 후보자에게 우리 회사의 비전이나 발전 방향성, 해당 포지션의 역할과 해당 포지션에서 어떤 것을 이룰 수 있을지 등을 셀링Selling합니다. 앞서 재료 수집 단계에서 현업과 함께 논의한 셀링 포인트를 이 단계에서 적극적으로 활용하는 것이 필요합니다.

회사의 홈페이지처럼 외부에 공개된 자료 말고도 해당 후보자의 역량이 왜 우리 회사의 지금 이 시점에 필요한지, 후보자의 그간 경험이 어떻게 우리 회사의 발전을 끌어낼 수 있을지, 후보자 또한 우리 회사에 오게 되면 어떠한 것들을 성취할 수 있고, 장기적인 커리어 패스에서도 어떤 발전과 성장이 있을지 등을 설명함으로써 철저하게 후보자 관점에서 설득하게 됩니다.

기본적으로 우리 회사의 여러 가지 강점을 두고 후보자를 설득하지만, 우리 회사를 선택해서 지원하는 일은 후보자의 인생을 바꿀 수 있을 만큼 크고 중요한 결정이기 때문에 매우 신중해질 수밖에 없습니다. 그래서 후보자와 커뮤니케이션을 할 때 어디서부터 대화를 시작해야 하고, 어떤 방식으로 후보자에게 접근해야 하는지에 대해 고민하는 분이 많은 것을 보았는데요. 뒷장에서 후보자의 상황별로 어떻게 다르게 접근해야 할지, 어떠한 구조를 통해 우리 회사와 포지션이 가진 셀링 포인트를 잘 정리할지 상세히 알아보겠습니다.

후 보 자 를 찾 는 검 색 요 령

소싱을 위한 검색의 기본기, 불리언 서치

온라인에서 적합한 후보자를 찾기 위한 한 가지 검색 방법을 소개합니다. 보통 소싱을 할 때 '마케팅', '퍼포먼스 마케팅', '이커머스' 등 여러 가지 키워드를 조합하여 후보자를 검색합니다. 찾고자 하는 후보자의 키워드가 많은 만큼, 즉 굉장히 많은 후보자가 검색되는데 이렇게 많은 검색 결과를 하나씩 다 살펴보자면 물리적으로 어려울 뿐더러 그 안에서 좋은 후보자를 찾기도 상당히 어려워집니다.

그래서 서칭 과정에서 효율적이고 명확하게 검색하려면 불리언 서치Boolean Search 방식이 필요합니다. 불리언 서치란 논리곱AND, 논리합OR, 논리 부정NOT 같은 논리 연산자를 사용하는 검색 방법인데요. 다음의 간단한 예시를 보면 이해하기 쉽습니다.

AND: AND 연산자 앞뒤에 있는 키워드를 모두 가진 결과가 노출됩니다.

> 예 developer AND android AND kotlin

OR: OR 연산자 앞뒤에 있는 키워드 중 하나가 포함된 결과가 노출됩니다.

> 예 android OR mobile 혹은 project(manager OR coordinator)

NOT: NOT 연산자 뒤에 있는 키워드를 배제한 결과가 노출됩니다.

> 예 NOT recruiter 혹은 - recruiter

" ": 큰따옴표(" ") 안에 있는 단어가 그대로 포함된 결과가 노출됩니다.

> 예 "customer service"

불리언 서치는 세 가지 논리 연산자와 큰따옴표를 사용해서 데이터를 선별합니다. 간단한 예시에 적용하여 살펴볼까요? 가령 자바Java 프로그래밍 언어를 사용할 수 있는 개발자 혹은 디자이너를 찾는다고 하면, 다음과 같이 작성합니다.

> 예 Java AND (Developer OR Designer)

파이썬Python을 활용하는 백엔드Backend 개발자를 찾는데, 데이터 엔지니어는 제외하고 싶다면 다음과 같이 작성합니다.

> 예 Backend AND Python NOT 'data engineer'

현업 담당자와 논의한 키워드를 기반으로 링크드인, 구글 등에서 불리언 서치를 활용하면 효율적으로 적합한 역량을 갖춘 후보자를 탐색할 수 있습니다. 좋은 키워드를 리스트업하고 불리언 서치로 후보자를 검색해보세요.

후보자 데이터베이스화하기

앞서 얘기했던 후보자 데이터베이스 구축 및 관리는 채용 담당자의 필수 영역입니다. 채용 업무를 하며 만나는 모든 후보자, 다이렉트 소싱을 통해 찾게 되는 후보자 중 잠재적인 후보자로 관리하고 이후 지속적인 네트워크를 가져가기 위해 구축하고 관리하게 되죠. 이는 채용 담당자 개인의 업무 자산이 되기도 합니다. 시장에 여러 좋은 후보자를 많이 알고 있고, 그 잠재적 후보자에 대한 네트워크를 가지고 있다는 것은 회사에서 채용 담당자를 채용할 때 기대하고 있는 중요한 역량이죠. 채용 담당자가 진행하는 모든 활동에서 수많은 후보자를 만나게 되는데, 놓치는 후보자 없이 잘 구분하고 분류하여 저장해두고, 추후에 좋은 채용 소스로 활용할 수 있게 만드는 것도 채용 담당자의 중요한 역할로 점차 인식되고 있는 것 같습니다.

잠재적 후보자의 리스트나 후보자 데이터베이스는 각 채용 담당자가 관리하기 편한 양식으로 구성합니다. 가장 기본적인 후보자 데이터베이스 구성을 살펴보자면, 후보자의 이름, 이력을 확인할 수 있는 프로필 링크(링크드인 등), 현재 포지션, 경력 연차, 현재 재직 중인 회사, 후보자의 경력 중 가장 오래 근무했거나 시장에서 알만한 주요 회사에 근무한 적이 있다면 해당 회사의 이름 등을 적어두고 관리합니다. 여기서 중요한 건 실제 후보자에게 연락한 날짜와 해당 날짜에 연락해서 확인된 후보자 상황을 코멘트로 남겨두는 것인데, 꼭 영입해야 하는 타깃 후보자의 경우, 시간이 걸리더라도 꾸준한 케어와 관리가 필요합니다. 언제, 어떤 식으로 후보자와 커뮤니케이션했는지, 연락할 때마다의 상황을 기입해서 지속적으로 체크하며, 영입을 위한 관리 기반을 마련해두면 좋습니다. 가령 처음 연락한 후보자가 해당 시점에 진행하고 있는 업무 프로젝트로 이직이 어려웠다면, 해당 프로젝트가 마무리되는 시점을 확인하고 해당 시점에 다시 한번 연락 드리거나 해당 기간 중에 변화된 사항이 있다면 업데이트를 드린다든지 등, 우리 회사에서 해당 후보자를 지속적으로 신경 쓰고 있고 꼭 모셔 오고 싶은 의지가 잘 드러날 수 있게 표현해보세요.

	후보자 이름	후보자 프로필 링크	포지션	경력년차	현재 회사	기타 경력	1차 연락 날짜	현재 상황	이력서 유입 날짜
1	홍길동	y.linkedin.co	백엔드 개발자	7년~12년	ABC Company	G Company 근무 경험	2021-10-06	이력서 받음	2021-10-21
2	김하나	y.linkedin.co	안드로이드 개발자	12년이상	Korea Company	iOS 개발 경험 보유	2021-09-08	회신 대기중	
3	전미아	y.linkedin.co	안드로이드 개발자	3~7년	DEF Company		2021-10-29	회신 대기중	
4	박하늘	y.linkedin.co	iOS 개발자	3~7년	USA Company	-	2021-11-26	이직 생각 없음	
5	서지원	y.linkedin.co	변호사	1~3년	GHI Company	H Company 미국 지사 근무	2021-12-07	이력서 받음	2021-12-14

후보자 소싱 데이터베이스 관리 시트 예시

또한 다이렉트 소싱을 할 때도 포지션에 적합한 많은 후보자를 찾게 됩니다. 포지션에 적합한 후보자를 찾기 위해 재료 수집 단계에서 수집한 여러 가지 조건으로 후보자를 찾게 되면 일차적으로 해당 포지션에 적합한 후보자 리스트가 만들어집니다. 해당 리스트에 있는 후보자에게 바로 소싱을 위한 연락을 취할 수도 있지만, 조금 더 정확도를 높이고 싶다면 추가 필터링 작업을 해봐도 좋습니다. 해당 리스트에 있는 후보자 중 우리 회사와 비슷한 환경과 문화에서 일했던 분들을 추가로 필터링하거나, 우대 사항을 충족하는 후보자들로 다시 추려낼 수도 있죠. 혹은 채용 담당자가 1차 리스트만 보고는 적임자를 판별하기 어렵다면, 현업과 함께 더 적합한 인원을 선택하고 논의하는 작업을 거쳐도 좋습니다. 실제 후보자에게 연락하기 전에 해당 리스트에서 현업이 면접이나 짧은 미팅을 원하는 후보자들을 먼저 추려내고 그다음에 후보자에게 연락하며 현업과의 미팅을 자연스럽게 유도하면 소싱의 성공률을 좀 더 높일 수 있습니다.

컨택 방법과 전략

후보자의 상황에 따른 접근 방법

보통 후보자 컨택은 전화 혹은 이메일로 진행합니다. 그중에서 링크드인 메시지나 이메일을 통한 제안 방식은 채용 담당자들이 가장 많이 사용하는 방식이기도 합니다. 아무래도 이직을 희망하는 사람들보다 이직 의사가 없거나 현재 회사에 만족하는 사람들의 비율이 더 높다 보니, 실제로 우리가 후보자에게 이직을 제안하고 포지션을 셀링해도 선뜻 긍정적인 답변을 주고 바로 지원해줄 후보자는 많지 않습니다. 그렇지만 우리가 제안한 기회를 후보자가 좀 더 알아보고 싶게 제안 내용을 매력적으로 구성하는 일이야말로 후보자의 응답률을 높이고 다이렉트 소싱의 성패를 결정합니다.

이때 가장 중요한 것은 후보자의 상황에 맞게 제안 내용을 구성하는 것인데요. 먼저 적극적인 구직 활동을 하고 있는 후보자에게 컨택한다면, 우리 회사로 지원할 의사가 있는지 파악하는 정도로 접근해도 충분합니다. 이 경우는 후보자에게 처음 연락할 때부터 지나치게 많은 메시지를 보여줄 필요 없이 우리 회사의 브랜딩이나 시장 위치를 고려하여 적절한 톤으로 제안하는 것이 좋습니다.

반대로 이직 계획이 없거나, 적극적으로 구직 활동을 하지 않는 후보자를 영입해야 할 때는 후보자의 호기심을 유발할 수 있어야 합니다. 특히 사업 확장이나 개편, 충원 등 후보자를 채용하려는 이유를 언급하거나, 앞으로의 과제나 목표 등을 제시합니다. 외부에 알려지지 않은 회사 내부의 흥미로운 정보를 전달하는 것도 후보자의 응답률을 높이는 방법 중 하나입니다.

후보자의 경력 연차에 따라 제안하는 방식이 다를 수 있습니다. 예를 들어, 주니어 후보자의 경우 개인의 성장에 대한 관심이 많으므로 성장 기회에 초점을 맞춘 셀링 방식을 사용하면 좋습니다. 성장을 끌어줄 수 있는 내부 체계나 동료가 있는지에 대한 정보를 제공하고, 입사 후 해볼 수 있는 일이나 얻을 수 있는 이점 같은 구체적인 커리어의 청사진을 제시해주면 좋습니다.

반대로 시니어 후보자라면 우리 회사에 와서 어떠한 변화를 만들 수 있을지를 어필합니다. 우리 회사의 시니어 포지션으로서 어떠한 기회가 있고, 어떤 포지셔닝이 가능할지, 팀 및 조직의 규모, 본인이 업무를 보고하는 체계Reporting Line, 즉 상위 조직장이 누구인지에 대해 추가적인 정보를 제시하면 좋습니다. 또한 투자나 사업영역에 대한 확장 계획, 전략 등도 외부에 공개 가능한 범위에서 전달하는 것도 중요합니다. 이처럼 후보자의 상황 또는 경력과 경험에 맞추어 섬세하게 커뮤니케이션할 수 있는 부분을 찾아내는 것 또한 채용 담당자의 역할입니다. 또한 아무래도 회사 외부에 있는 후보자 입장에서는 채용 담당자의 표현이나 피드백 하나하나가 회사의 브랜딩이나 평판에 큰 영향을 미치기 때문에 외부로 나가는 메시지는 전략적으로 섬세하게 가다듬어야 합니다. 특히 다음과 같은 사항에 유의하세요.

1 채용 결과에 확신을 주는 표현에 주의해야 합니다.

"서류 검토는 무난하게 통과할 거예요.", "후보자님의 경력이 저희가 찾는 포지션에 매우 적합하여…" 등 자칫 후보자에게 확신을 줄 수 있는 표현은 주의해야 합니다. 혹여 후보자가 채용에 불합격할 경우 리스크가 될 수 있기 때문입니다.

2 과장되거나 거짓된 정보를 전달해서는 안 됩니다.

후보자를 영입하고 싶은 마음에 회사의 성장 가능성을 과장하거나 잘못된 정보를 제공하는 경우도 있습니다. 또 외부로 유출되면 안 되는 주요 기밀이나 내부 정보를 후보자 소싱 및 셀링 과정에서 자기도 모르게 발설할 수 있죠. 의욕이 앞서 일을 그르치지 않도록 각별한 주의를 기울여야 합니다.

3 무리해서 설득하거나 부담을 주는 행동은 삼가야 합니다.

지원 의사가 확실하지 않은 후보자를 과도하게 설득하거나, 무리하게 지원을 유도하는 등 부담을 주는 행동은 채용 브랜딩에 좋지 않은 영향을 줍니다. 적정 선을 유지하며 정중하게 커뮤니케이션하는 자세가 필요합니다.

이메일과 전화를 통한 컨택

다이렉트 소싱에서 이메일과 전화로 후보자와 커뮤니케이션을 할 때는 후보자의 경력 프로필 혹은 이력서를 최대한 상세히 확인하고 대화를 나누어야 합니다. 후보자와 커뮤니케이션할 수 있는 시간 자체가 많지 않은 만큼, 한정된 시간에 후보자에게 매력적인 정보를 전달하고 채용을 위해 궁금한 점을 명확하게 파악하려면 먼저 후보자의 이력 사항을 잘 숙지해야 합니다. 또한 일방적인 대화가 되지 않도록 채용 담당자 본인을 상세하게 소개하고 연락을 드린 이유를 친절하게 설명하며 대화를 시작합니다. 후보자에게 전화를 하자마자 용건, 즉 본론부터 바로 들어가서 후보자를 당황하게 하는 경우도 보았는데요. 질문이나 포지션 제안 내용으로 들어가기 전에 간단한 아이스 브레이킹 식의 인사를 하고 안부를 묻고 상황을 먼저 설명한 후 커뮤니케이션을 시작하는 것이 좋습니다.

간혹 '불쑥 연락드려 죄송합니다'나 '갑자기 연락드려 죄송합니다' 등 사과의 말로 시작하는 채용 담당자도 있는데요. 연락드린 목적보다 사과의 메시지가 더 두드러지면 후보자 입장에서는 무언가 잘못되었나 하는 느낌을 줄 수 있으니 가급적 지양하는 것이 좋습니다.

일방적인 설득이나 질문보다는 대화를 하며 커뮤니케이션을 이어가 보세요. 후보자와 소싱을 위한 커뮤니케이션을 진행하며 자주 받았던 질문들을 정리해두고 FAQ 형식으로 이에 대한 답안을 작성하여 더욱더 원활한 대화가 될 수 있도록 준비하는 것도 좋은 방법입니다. 주의할 점으로, 후보자와 전화로 컨택하는 경우 포지션과 회사에 대한 많은 정보를 숙지한 후에 진행해야 합니다. 실시간으로 서로 이야기를 주고받다 보면 후보자가 예상치 못한 질문을 할 수도 있고 경우에 따라 바로 답변해주지 못하는 부분도 발생합니다. 이처럼 여러 상황에 즉각적으로 잘 대응하기 위해서는 채용 담당자가 미리 관련 정보를 잘 알고 있어야 하고 그것을 매력적인 커뮤니케이션으로 잘 다룰 수 있어야 합니다. 그러므로 전화를 통한 다이렉트 소싱은 이러한 준비가 된 후에 진행하는 것이 좋습니다.

우리 회사 셀링하기

후보자에게 우리 회사를 긍정적으로 인식하게 하는 우리 회사만의 매력은 무엇일까요? 후보자가 인지하는 회사의 강점이나 우리 회사에서 일하고 싶게 만드는 요인이 바로 셀링 포인트Selling Point입니다. 외부에 공개된 정보만으로는 후보자를 설득하기에 충분하지 않습니다. 더 체계적이고 유혹적인 셀링 포인트를 정립하는 방법을 알아보겠습니다.

후보자를 움직이는 동기: 4C

후보자의 지원 동기는 무엇일까요? 다이렉트 소싱의 핵심은 후보자에게 기업의 매력을 어필하고 지원을 유도하는 것입니다. 후보자를 설득하기 위해서는 무엇이 후보자의 마음을 움직이는지 알아볼 필요가 있습니다. 다음 네 가지 동기를 살펴볼게요.

① 보상(Compensation)
② 동료(Colleague)
③ 문화(Culture)
④ 기회(Chance)

이 네 가지 요소는 영어 단어의 앞 글자를 따 4C라고 불립니다. 여러분도 현재 재직하고 있는 회사로 이동한 동기가 이 네 항목 중에 있나요? 혹은 회사를 알아볼 때 네 개의 항목 중 가장 중요하게 고려하는 항목은 무엇인가요? 네 가지 동기를 다 중요하게 여기는 사람도 있고, 하나의 동기를 가장 최우선으로 두는 사람도 있을 것입니다. 그렇다면 채용 담당자는 이 네 개의 동기들을 어떻게 파악하여 셀링 포인트로 삼을 수 있을까요?

첫 번째 동기는 '보상'으로, 우리 기업과 시장의 보상 구조를 비교 분석하여 확인할 수 있습니다. 두 번째 동기인 '동료'는 기업의 조직 구조나 구성원 개개인에 대한 이해를 바탕으로 파악합니다. 채용 담당자는 후보자가 내부의 구성원이 되는 과정을 함께하기 때문에 구성원에 대한 이해도를 자연스럽게 높일 수 있는 기회가 많이 있습니다. 세 번째 동기는 '문화', 즉 조직의 업무 환경과 일하는 방식입니다. 채용 담당자 역시 기업의 구성원이므로 구성원으로서 느끼고 보는 조직 문화나 업무 방식을 잘 파악하는 것이 필요합니다. 채용과 조직 문화는 어떻게 서로 영향을 주는지, 어떠한 상관관계가 있는지를 고민해본다면 좋은 셀링 포인트로 작용할 수 있습니다. 그렇다면 기업과 조직, 개인의 성장을 셀링 포인트로 다듬기 위해서는 어떤 것을 준비해야 할까요? 이는 네 번째 동기인 '기회'와 관련이 있습니다. 먼저 기업의 발전 방향과 비전을 설명할 수 있어야 합니다. 기업의 가치를 인지하고, 누구에게 어떠한 가치가 유의미한지, 기업의 사업 파트너는 누구인지, 이로 인해 어떠한 비용과 수익이 발생하는지를 구체적으로 알아야 하죠. 이처럼 사업의 핵심을 알기 쉽게 구조화한 것을 비즈니스 모델 캔버스라고 합니다.

투자 피칭을 위한 비즈니스 모델 캔버스

비즈니스 모델 캔버스Business Model Canvas는 쉽게 말하면 기업이 어떻게 돈을 버는지 보여주는 모델입니다. 1990년대부터 2000년대 초에 전 세계적으로 벤처 붐이 일어났을 때, 당시 많은 기업이 투자 유치를 위해 비즈니스 모델이라는 개념을 내세웠고, 마케팅 등 여러 활동에도 비즈니스 모델이라는 말이 사용되었습니다. 비즈니스 모델 캔버스는 9개의 중요한 비즈니스 영역으로 구성되어 있고, 각 영역이 유기적으로 연결되어 어떻게 기업이 수익을 창출하는지 이해할 수 있도록 도와줍니다. 비즈니스 모델 캔버스는 후보자 설득하기에도 유용한 도구입니다. 기업의 핵심 활동과 구조를 체계적으로 설명해줄 수 있기 때문입니다. 하나씩 살펴볼까요?

비즈니스 모델 캔버스는 다음과 같은 영역으로 구성됩니다.

가치 제안 Value Proposition: 기업이 창출하는 가치를 말합니다. 제품 및 서비스와 같은 기능적이고 물리적인 가치뿐만 아니라 눈에 보이지 않는 사회적, 감정적 가치를 포함합니다.

채널Channels: 기업의 가치를 고객에게 전달하는 방법입니다. 예를 들면 모바일 앱 또는 오프라인 매장 등이 있습니다.

비용Cost Structure: 사업 운영에 발생하는 비용과 자원입니다.

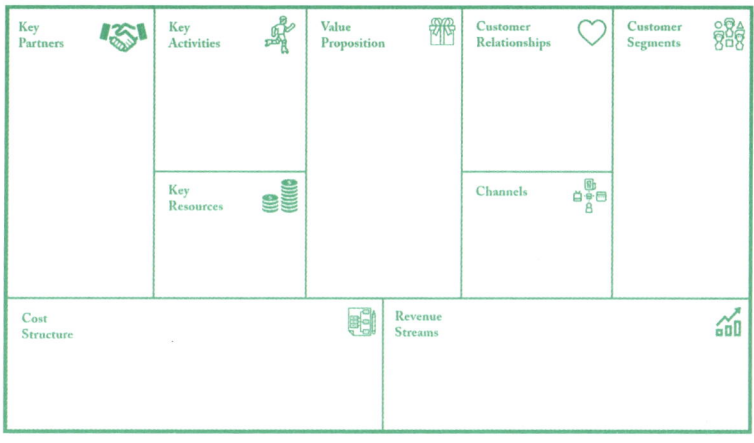

출처: https://www.strategyzer.com/canvas/business-model-canvas

비즈니스 모델 캔버스

고객 관계 Customer Relationships: 고객을 확보하고 유지하기 위한 전략입니다. 예를 들어 쿠폰, 이벤트 등의 마케팅 활동을 말합니다.

고객Customer Segments: 기업의 주요 고객 및 타깃입니다.

핵심 자원 Key Resources: 원활한 비즈니스를 위해 필요한 자원입니다. 생산 장비 등 물적 자원뿐 아니라 무형의 인적, 기술, 지식 자원을 포함합니다.

핵심 활동 Key Activities: 비즈니스 제작 과정으로서, 제품 생산 및 설계 등을 말합니다.

핵심 파트너 Key Partners: 사업의 외부 이해관계자입니다. 물류 업체, 외부 연구소 및 외주 업체 등을 말합니다.

수익Revenue Streams: 고객이 가치 제안에 대한 대가로 지불하는 비용입니다.

비즈니스 모델 캔버스는 기업의 전체 수익을 구조화할 수도 있고, 각 사업부나 서비스별로 정리해도 좋습니다. 체계적인 비즈니스 모델 캔버스는 기업의 가치와 핵심 자원, 활동 등을 소개하고 후보자에게 셀링할 수 있는 좋은 자료가 됩니다. 특히 다이렉트 소싱에 요긴하게 활용되며, 후보자에게도 긍정적으로 작용하죠. 따라서 시간이 지나며 변화하는 사업 구조에 맞춰 분기별로 업데이트하며 지속적으로 관리해야 합니다.

SWOT 분석 활용하기

여러분이 잘 알고 있는 SWOT 분석을 활용해도 셀링 포인트를 구축할 수 있습니다. SWOT이란 경영이나 마케팅에서 활용하는 방법으로, 회사의 강점Strength, 약점Weakness, 기회Opportunity, 위협Threat을 분석하여 회사 내부와 외부의 현재 상황을 확인하고 분석하는 방법입니다.

특히 SWOT에서 '강점'과 '기회'와 같은 긍정적인 부분을 내세울 수 있지만, 오히려 '약점'과 '위협' 부분을 활용하여 셀링 포인트로 활용하는 것이 더 효과적일 수도 있습니다. 후보자에게 "우리 회사의 ~~한 약점을 보완하기 위해, 당신의 ~~한 역량과 경험이 필요합니다." 혹은 "우리는 ~~한 부분이 현재 시장에서 위협적인 부분이고 개선해야 할 부분입니다. 후보자님이 오셔서 이러한 부분을 해결해주실 수 있을 거라 생각합니다."처럼 우리 회사가 가지고 있지 않은

부분을 후보자가 합류함으로써 채워줄 수 있다는 내용을 어필할 수 있습니다.

후보자에게 무엇을 얘기해야 할지 감이 오지 않는다면, 우리 회사의 비즈니스 모델 캔버스와 SWOT 분석, 포지션 관련 내용만 잘 숙지하고 있어도 이처럼 충분한 설득과 어필이 가능합니다.

recruiter

PART

2

리크루터는

사람만

잘 모으면 된다?

4

가족보다 더 자주 만나는
사람들:
후보자와 현업 담당자

타 깃 후 보 자 정 의 하 기

채용을 시작하기 전에 우리는 단순히 후보자의 포지션만이 아니라 우리가 타깃하는 후보자에 대해 자세히 알고 있어야 합니다. 예를 들어, 어떤 역량을 가진 후보자를 찾고 있는지, 어떤 후보자가 우리 회사의 조직 문화에 잘 맞을지, 이러한 후보자들을 어떻게 모집하고 서치할지, 이러한 후보자들에게 직접 연락하기 위해 어떠한 채널을 사용할지에 대한 것들이죠. 포지션이 오픈되었는데 채용에 어려움을 겪는다면 다시 처음으로 돌아가서 후보자에 대한 원론적인 질문과 페르소나Persona를 정리해보면 좋습니다(108쪽). 가장 기본적으로는 앞서 얘기했던 후보자의 역량, 우리 회사의 조직 문화, 서치 방법, 연락 채널을 고려해서 타깃 후보자의 페르소나를 명확하게 정의해야 합니다. 더 나아가 후보자의 관심사를 파악하는 것도 중요한데요. 후보자는 우리가 제안하는 포지션이 후보자의 커리어와 삶에 어떠한 영향을 미치는지 알고 싶어합니다. 이런 점을 최대한 상세하게 이해시키기 위해 현재 해당 포지션에 재직 중인 사람들이 어떤 흥미로운 프로젝트를 진행하고 있는지, 누구와 함께 일하고 있는지, 우리 회사의 궁극적인 목표는 무엇인지, 더불어 앞으로 마주할 수 있는 도전적인 상황은 무엇이 있을지 등을 충분히 설명하는 과정도 필요하겠죠.

보자보다 이직 의사가 없는 후보자가 훨씬 더 많습니다. 요즘에는 링크드인 같은 채용 플랫폼에서 이직 의사를 파악할 수 있기 때문에 후보자 한 명 한 명의 이직 의사를 모두 묻지 않아도 됩니다. 링크드인에는 수십만 명의 사람들이 본인의 프로필과 경력을 기재해두었지만, 당장 이직 의사가 있는 사람들은 많지 않습니다. 이처럼 현재 회사나 하고 있는 업무에 만족하고 있거나 이직한 지 얼마 되지 않아 새로운 직장이나 포지션에 대한 이동을 적극적으로 고려하고 있지 않은 후보자는 '이직에 수동적인 후보자'로 분류됩니다.

물론 현재 회사에 아주 만족하며, 행복감을 느끼는 후보자를 부담스럽게 설득하며 그들을 불편하게 만들 필요는 없습니다. 다만 현재 회사에 어느 정도 만족하는 재직자 중에서도 외부의 좋은 기회가 열려 있거나 현재 회사에서 해결하지 못하는 점을 조금이라도 경험한다면, 그들이 어떤 이유에서 이직 가능성이 있는지 알아보고 귀를 기울여볼 일입니다. 우리 리크루터의 역할은 입사를 결정해 채용을 성사하는 데 그치지 않고 한 사람의 삶에서 겪는 문제를 해결해주거나 더 행복해질 수 있는 선택지를 제시하는 것도 포함됩니다. 그러기 위해서 보통 사람들이 이직을 결심하게 되는 근본적인 이유를 먼저 아는 것이 중요합니다.

이직 이유 바로 알기

여러분은 어떠한 경우에 이직을 결심하게 되나요?

업무 강도가 너무 높거나, 업무 범위를 더 확장하고 싶어서, 혹은 지금 회사에서 더 이상 배울 것이 없거나 더 크게 발전하기 어렵다고 생각이 들 때, 부담스럽고 비상식적인 업무를 지시하는 상사나 이상하고 불편한 동료와의 관계, 체계가 없는 업무 방식 등 많은 이유가 있을 것입니다. 나 자신의 이직을 고민할 때는 이직 문제에 대해 매우 진지해질 수밖에 없습니다. 하지만 후보자에게 이직을 설득할 때는 아무래도 나 자신의 이직 문제보다는 비교적 가볍게 생각하고 접근하게 되죠. 사람들이 이직하고자 하는 이유를 잘 이해하면 그 이유를 해결하기 위한 부분을 찾아 우리 회사로 오게끔 어필할 수 있는 포인트를 찾을 수 있습니다.

사람들은 자신의 역량을 충분히 활용해 업무를 해서 회사에 기여할 때 자신감이 생기고 스스로 쓰임을 받고 있다고 생각하여 회사 생활에 만족하게 되고 자발적으로 역량을 더욱 키우려고 합니다. 하지만 현재 본인의 직무나 포지션에서는 이러한 역량을 충분히 활용할 기회를 얻지 못하거나 역량을 발전시킬 수 없는 상황에 있다면 사람들은 더 나은 기회를 찾아 나서게 됩니다.

조직장 혹은 회사의 경영진에게 만족하지 못하는 경우도 중요한 이직 요인입니다. 모든 사람은 본인의 상사에게 기대하는 바가 명확합니다. 앞으로 나아갈 방향성에 대한 큰 그림과 비전을 제시해줄 수 있고, 현재 내가 가고 있는 방향이 맞는지에 대해 지속적으로 확인하며 피드백을 주어 업무적으로 발전할 수 있게 장려하고, 현재 속한 조직을 일하기 좋은 환경으로 만들어주는 것 등 말이죠. 조직의 리더 또는 조직장들은 이러한 역할에 대한 권한과 책임을 가지고 있습니다. 단, 리더로서 신뢰하기 어렵거나 적절하고 올바른 피드백을 받지 못하거나 업무적으로 긍정적인 관계를 유지하기 어려운 경우 사람들은 리더십에 부재를 느껴 이직을 희망하게 됩니다. 특히나 막 사회생활을 시작한 사람들이거나 시니어 포지션으로 커리어를 쌓아가고 있는 사람이라면 멘토나 리더의 적절한 피드백과 가이드가 절실하게 필요합니다. 일이 재미있고 회사에 좋은 동료들이 있더라도 리더십이 없다고 느끼면 더 나은 리더와 멘토를 찾아 나서고 싶은 욕망이 생기죠.

또한 업무량이 너무 많거나 너무 적어도 이직하고 싶은 생각에 불을 지피는 요인이 될 수 있습니다. 업무량의 기준은 개인마다 다르겠지만 적어도 본인의 생활에 방해를 받거나 부정적인 영향을 주는 정도의 범위가 있기 마련이고, 주어지는 역할이나 일이 너무 적어서 회사에 충분히 기여하지 못한다고 느낄 수도 있죠. 더불어 회사의 재무적, 사업적 안정성 또한 회사를 선택하거나 이직을 고려하게 되는 요소 중 하나입니다.

보상 자체가 이직의 강력한 동기 요인이 될 수 있습니다. 앞서 말한 이직 생각을 품게 하는 요소가 없고 현재 회사에 만족하고 있더라도, 현재 직장보다 높은 연봉이나 보상을 제시하는 회사가 생긴다면 이직을 생각하게 될 수 있습니다. 보상은 쉽게 비교할 수 있는 요소이기 때문에 상대적으로 현재 내가 받는 보상과 복지가 부족해 보일 수 있으니까요. 또한 나라는 사람의 가치를 보상으로 인정받고 싶은 욕구는 누구나 가지고 있기 마련입니다. 그래서 많은 회사에서 보상 정책을 강화하고 매력적인 보상과 복리후생 제도를 개선하여 재직 중인 직원들의 리텐션을 강화하고 외부 후보자의 유입을 증대하는 요소로 적극 활용하고 있습니다.

이직에는 이처럼 다양한 요인과 원인이 존재합니다. 지원 자체에 초점을 맞추기 전에 해당 후보자가 왜 우리 회사로 지원했을지 한 번 더 확인해보고 이를 우리 회사에서 해결할 수 있는지를 고민해본다면 수동적인 후보자들 또한 조금 더 마음을 열고 프로세스에 참여할 수 있을 것입니다.

지속적인 후보자 관리

과거에 지원해서 채용 프로세스를 진행했던 후보자, 현재 진행 중이거나 진행 예정인 후보자까지 지속적인 채용을 위해 모든 잠재적인 후보자를 대상으로 긍정적인 인식을 심어주는 것이 필요합니다. 가령 2년 전에 특정 포지션으로 면접을 진행했던 후보자가 당시에는 불합격 결과를 받았으나 현재 시점에서 오픈된 포지션에는 적합한 역량을 가지고 있을 수 있고, 이미 면접도 진행한 이후라 후보자에 대한 상세한 피드백도 남아 있는 상태이기 때문에 해당 포지션에 적합한 1순위 후보자로 고려할 수 있죠.

짧은 시간 안에 많은 후보자에게 다가가는 방법으로는 이메일이 가장 좋습니다. 회사의 새로운 사업이나 비즈니스를 알리는 뉴스레터 형식의 이메일이라든지 오래전에 진행했던 후보자의 안부를 묻고 새로 오픈된 포지션을 소개하는 개인화된 이메일 등 지속적으로 후보자에게 우리 회사의 소식을 알릴 수 있습니다.

오프라인 채널도 중요합니다. 오프라인 채용 이벤트, 컨퍼런스 및 후보자 미팅 등 오프라인으로 맺어진 후보자와 회사, 리크루터의 긴밀한 유대 관계는 온라인보다 더 강력합니다. 이벤트나 행사라고 해서 꼭 대규모의 인원을 타깃하지 않아도 됩니다. 소규모 그룹을 대상으로 행사나 이벤트, 모임을 시작할 수 있는 접점을 자주 만들어보세요. 이러한 기회로 연을 맺게 되거나 알게 된 후보자들과 지속적으로 관계를 쌓아갈 수 있도록 후보자 컨택 정보 리스트를 만들고 관리해보세요. 리크루터의 큰 자산이 될 것입니다.

후보자가 지원하는 채용 홈페이지나 지원 프로세스를 간편한 방식으로 설계하고 최소한의 정보만 입력해도 지원할 수 있게 유도하는 것도 좋습니다. 친절하고 많은 정보를 담고 있는 채용 홈페이지와 간편한 지원 프로세스는 지원을 망설이고 있는 후보자들이 더 쉽게 채용에 지원할 수 있게 도와줄 것입니다. 지원 이후에 마주하게 될 면접 또한 후보자에게 좋은 인상을 심어주어 장기적인 네트워크로 이어갈 수 있게 하는 기회입니다. 더군다나 수동적인 후보자의 경우, 면접에서 회사의 장점이나 입사했을 때 얻을 수 있는 것들, 업무적 역할 등을 상세하게 알려주는 것도 좋은 방법입니다. 보통 다이렉트 소싱을 통해 리크루터가 설득하여 지원하게 된 후보자나, 서치펌을 통해 유입된 후보자 혹은 사내 추천 등 본인의 의사보다는 다른 사람에게 먼저 설득되어 지원한 후보자는 직접 지원한 후보자보다 다소 수동적인 성향을 보일 수 있습니다. 사전에 현업 담당자 혹은 면접관과 후보자 상황에 대해 논의한 후 필요시 면접관이 후보자에게 회사와 포지션을 적극 어필할 수 있도록 준비하는 것 또한 필요합니다. 다만 지나치게 억지로 분위기를 몰아가지 말고 부담스럽지 않은 선에서 후보자의 반응을 살피며 어필해야겠죠.

현업, 하이어링 매니저 이해하기

채용은 현업의 채용 필요에 의해 처음 발생합니다. 가령 디자인팀에서 새로운 프로젝트를 진행하는데 디자이너가 부족하여 새로운 프로젝트를 기한 내에 마치기 어려울 것 같다면, 신규 채용을 통해 인원을 충원하여 프로젝트를 기한에 맞춰 마무리될 수 있도록 하죠. 이처럼 처음 채용의 니즈가 발생한 현업과 이를 해결해주는 리크루터는 파트너 관계를 맺습니다.

이처럼 특정 포지션 채용에 책임이 있는 현업 담당자를 보통 '하이어링 매니저Hiring Manager'라고 합니다. 위에서 가정한 사례에서는 디자인 하이어링 매니저가 리크루터에게 채용을 요청하고, 의사결정권도 가지고 있죠. 리크루터와 하이어링 매니저는 동일한 목표하에 필요한 시기에 필요한 인재를 채용하고자 합니다.

  이때 리크루터와 하이어링 매니저의 목표는 '필요로 하는 좋은 사람을 필요한 시기에 채용하는 것'입니다. 다만 목표가 같다고 해서 현업의 하이어링 매니저와 리크루터의 상황이 항상 일치하지는 않죠. 아마 모든 회사의 현업 담당자가 가장 이상적이고 능력 있는 사람이 해당 포지션에 와주길 바랄 것입니다. 그러한 역할을 리크루터가 해줄 수 있다고 생각하는 현업 담당자도 많고요. 하지만 현업에서 정의하고 있는 후보자 기준과 리크루터가 외부 시장에서 보는 후보자 상황은 다를 수 있습니다. 하이어링 매니저가 기대하는 후보자의 수준이 시장 상황과 맞지 않거나, 업계에 변화로 인해 작년에 진행했던 채용 프로세스를 올해 적용하기 어려운 경우, 인터뷰 방식이나 평가 기준을 갑작스럽게 변경하는 경우 등 하이어링 매니저와 리크루팅팀의 이해관계가 어긋나는 상황은 드물지 않게 발생합니다. 그중에서도 리크루터가 마주할 수 있는 최악의 상황은 하이어링 매니저가 채용을 중요하다고 인식하지 못하는 경우입니다. 또 채용을 담당하는 리크루터가 있으므로 모든 니즈가 저절로 해결될 것이라고 생각하는 하이어링 매니저 역시 갈등을 심화시키죠. 예를 들어, '구글 출신 개발자를 영입하라'고 요구하면 리크루터가 100% 충족할 것이라고 기대하는 식입니다.

  이처럼 현업의 하이어링 매니저와의 의견 조율은 채용을 시작하기 전 리크루터가 반드시 수행해야 할 과제입니다. 리크루터 입장에서는 현업의 하이어링 매니저와는 좋은 관계를 유지하며 어떻게든 채용을 잘 마무리할 수 있게 해야 합니다. 그렇다면 현업과 좋은 파트너십을 유지하기 위한 방법은 무엇이 있을까요?

| 데이터를 기반으로 공동의 목표 설정하기

  리크루터는 해당 포지션의 후보자 시장 규모나 상황이 어떠한지, 채용에 시간이 얼마나 걸릴지 등을 데이터 기반으로 설명할 수 있어야 합니다. 채용 시장과 프로세스를 현업의 하이어링 매니저에게 설명하는 것이 중요합니다. 채용 데이터를 활용하여 현업 담당자와 커뮤니케이션하고 전략 미팅을 진행해보세요. 현업 하이어링 매니저 역시 데이터를 지속적으로 접하며 자연스럽게 채용 프로세스와 방식에 대해 알아갈 수 있을 것입니다.

| 이상적인 후보자 기준 맞추기

  포지션 오픈 후 현업 담당자와의 미팅을 통해 확인된 여러 가지 포지션 관련 정보와 현업의 기대치를 가지고 리크루터가 생각하는 적합한 후보자에 대한 리스트나 프로필, 이력서 등을 샘플로 공유한 후 피드백을 받아보세요. 현업 담당자가 원하는 후보자의 기준과 맞는

지 미리 체크한 후 채용을 진행할 수 있기 때문에 더 효율적으로 적합한 후보자를 찾을 수 있습니다.

| 채용 트레이닝 제공하기

현업 담당자에게 채용 관련 교육을 제공해주세요. 별도의 미팅을 통해 세션을 진행하거나 1:1 미팅 방식 혹은 채용 가이드를 만들어 배포하는 방식도 괜찮습니다. 채용 시스템 사용 방법, 면접 평가서 작성 방법, 채용 프로세스가 어떻게 진행되는지 등도 안내합니다. 현업 담당자가 최대한 원하는 인재를 채용할 수 있고 리크루터가 업무하는 방식을 이해하여 상호 간에 효율적인 커뮤니케이션을 하고 좋은 파트너십을 유지하는 데 큰 도움이 됩니다.

| 빠른 피드백 루트 만들기

좋은 후보는 채용 시장에 오래 머무르지 않습니다. 인터뷰 후 혹은 여러 상황에서 가급적 빠르게 현업 담당자의 피드백을 받는 구조를 만들어놓으면 좋습니다. 예를 들어, 현업 담당자의 업무 일정 때문에 면접 일정 조율이 늦어지는 경우, 주 1회 특정 시간을 면접을 위한 시간으로 지정해두고 현업 담당자에게 해당 일정은 피해서 다른 업무 일정을 진행할 수 있도록 논의해본다거나, 서류 검토나 면접에 대한 피드백은 최대 3일이 넘지 않게 받을 수 있게 협의하는 등 최대한 빠른 피드백을 받을 수 있는 루트를 만들어보세요.

채용 홍보 대사 만들기

채용을 위한 콘텐츠, 아티클, 웨비나, 채용 행사 등 채용을 위한 활동에서 현업의 참여를 유도하세요. 리크루터가 외부로 콘텐츠를 전파하는 방식은 시간이 지날수록 효과도 줄어들고 식상해질 수 있습니다. 외부 후보자들은 제삼자의 설명이 아닌 해당 직무를 경험하고 있는 사람에게 더 자세하고 실질적인 이야기를 듣고 싶어 하죠. 현업 담당자가 직접 본인의 직무나 하고 있는 일, 하루 일과 등에 대해 공유하는 것은 리크루터나 회사가 공유하는 것보다 더 큰 임팩트를 가져올 수 있습니다. 예를 들어 개발자 업계에서 유명한 개발자가 우리 회사에서 근무하고 있다는 것을 널리 알리고 해당 개발자의 이야기를 외부로 많이 전파할수록 해당 현업과 함께 일하고 싶어 하는 많은 외부 후보자가 모여들 것입니다. 현업 담당자의 퍼스널 브랜드를 최대한 활용해보세요.

물론 현업 입장에서는 본연의 업무 때문에 채용에 시간을 할애할 여유가 상대적으로 적을 수 있습니다. 리크루터가 현업의 리소스를 잘 파악하여, 현업이 채용 의사결정을 조금이라도 더 효율적으로 빠르게 진행할 수 있도록 기반 준비를 해두어야 합니다. 예를 들어, 채용 공고를 작성하기 어려워하는 현업 담당자에게 최소한의 작성 가이드를 제공하거나, 기존에 작성되었던 공고나 타 회사의 잘 쓴 채용 공고를 참고 자료로 전달하는 것이죠. 예를 들어, 저는 개발자 채용을 진행하는 경우 코딩 테스트를 설계하는 작업을 지원해드렸습니다. 보통 개발자들은 업무로 바빠서 코딩 테스트 문제를 하나하나 다 살펴보며 선택하는 데까지 오랜 시간이 걸립니다. 현업의 부담을 덜어주기 위해 제가 우리 회사에서 사용하는 주요 기술 스택을 활용하는 코딩 테스트 문제를 먼저 선별한 후 난이도와 문제 풀이 소요 시간 등을 각각 해당 문제별로 분류해서 현업에 전달하고 최종적으로 코딩 테스트 출제 문제로 원하는 문제만 체크할 수 있게 초안을 작성해서 공유하는 것이죠. 이처럼 현업의 리소스를 생각하여 리크루터가 할 수 있는 최대한의 선에서 준비한 후 업무 협조를 요청한다면 현업에서도 본인의 상황을 배려해주는 리크루터에게 채용과 관련하여 더 많은 협조를 끌어주기 마련입니다.

   리크루터와 현업 담당자 모두 채용에 대한 책임을 가지고 있습니다. 물론 리크루터와 현업 담당자는 성향이나 일하는 방식이 다를 수 있지만 결국 두 사람의 목표는 '채용'이라는 것을 잊지 마세요. 그리고 채용 프로세스 중 병목이나 이슈가 있다면 현업 담당자와 같이 문제를 놓고 고민하고 해결하세요. 채용은 리크루터 혼자 하는 일이 아니라는 것을 서로 잘 인지해두고 더 나은 방향을 위해 함께 고민하는 과정을 꼭 가지도록 하세요. 채용을 더 효율적으로 빠르게 진행하기 위해선 현업 담당자와 끊임없이 얘기하고 얘기하고 또 얘기하세요!

현업과의 킥오프 미팅에서 다뤄야 할 것들

킥오프 미팅은 보통 현업으로부터 신규 포지션 채용 의뢰를 받은 다음 해당 포지션 채용에 책임을 가진 현업 담당자와 해당 포지션 채용을 위한 구체적인 전략이나 프로세스 정립, 후보자 채용 기준 등을 수립하는 미팅을 말합니다.

킥오프 미팅은 채용의 방향성을 결정하고 채용을 더 빨리 진행할 수 있게 만들어주는 매우 중요한 단계입니다. 채용에 관여하는 리크루터, 현업 담당자 그리고 후보자 모두에게 각자 원하는 바를 빠르고 정확하게 채워줄 수 있는 내용들을 다루죠. 보통 리크루터와 현업 담당자가 함께 논의하며 아래와 같은 요건들을 확인하고 정립합니다.

리크루터에게 필요한 정보: 포지션 채용 사유, 후보자 요건, 우대 사항, 채용 프로세스, 후보자의 재직 선호 회사, 후보자가 갖춰야 할 필수 요건 혹은 스킬, 전반적인 채용 공고에 대한 구체적인 내용, 현업 담당자가 기대하는 후보자의 수준

현업 담당자에게 필요한 정보: 해당 포지션에 대한 외부 시장 상황, 샘플 후보자 이력서 혹은 프로필, 해당 포지션 혹은 비슷한 포지션에 대한 채용 레퍼런스(이력서 유입 및 면접 현황, 입사 현황 등)

후보자에게 필요한 정보: 보고 라인, 업무 내용, 해당 포지션 회사가 기대하는 업무상의 역할, 연봉 정보, 협업 유관 부서

5

경험으로 가치를 만드는
시대, 후보자 경험

사용자 경험, 고객 경험, 브랜드 경험… 요즘은 곳곳에서 '경험'이란 단어를 접합니다. 세계적인 기업인 애플은 차별화된 인터페이스를 제공하여 사용자 경험의 만족도를 높이고 고객의 감성을 저격하며 독보적인 브랜드 가치를 이어나가고 있죠. 그야말로 경험의 시대입니다. 그렇다면 우리는 왜 다양한 영역에서 경험을 디자인하고, 중요하게 생각하고 있을까요? 그리고 채용에서는 왜 후보자 경험이 주목받고 있을까요?

경험經驗 [명사]
① 자신이 실제로 해보거나 겪어봄. 또는 거기서 얻은 지식이나 기능.
② 객관적 대상에 대한 감각이나 지각 작용에 의하여 깨닫게 되는 내용.

먼저 경험의 사전적인 정의를 살펴보면 이렇습니다. 인지한 것에 대해 느끼는 감정, 감각, 지각을 통해 깨닫는 것 모두 아주 개인적이고 주관적입니다. 정의만 보더라도 대상자 개개인이 다르게 느낄 이 경험을 관리하는 것이 쉽지 않아 보입니다. 그럼에도 다양한 영역에서 '경험'에 집중하는 이유는 기술과 제품, 특징 등으로 차별화된 지금, 사용자와 고객 등 닿고자 하는 대상자의 경험까지 차별화해야 하는 시대로 변했기 때문입니다. 이는 인사 영역에서도 마찬가지인데요. 직원 경험Employee Experience이 기업의 성장과 존속의 새로운 기준으로 주목받고 있고, 채용 영역에서는 후보자 경험Candidate Experience이 채용 경쟁력의 새로운 기준으로 주목받고 있습니다.

앞서 다이렉트 소싱이 활발하게 진행되게 된 계기를 이해했다면 현재 채용 시장은 후보자 중심이라는 점을 쉽게 떠올렸을 텐데요. 다시 말해 우리가 선발할 좋은 인재가 우리 회사를 선택하기를 바라는 상황이 된 거죠. 이런 배경에서 후보자 경험은 회사의 전체 채용 프로세스에서 후보자가 느끼는 전반적인 인식으로 볼 수 있습니다. 또한, 여기서 '후보자'란 앞서 채용 과정에서 살펴본 지원자보다 확대해서 보아야 하는데요. 현재 우리의 채용 파이프라인에 들어온 전형 진행자뿐만 아니라 과거의 후보자와 잠재적인 미래 후보자를 모두 포함하는 개념입니다. 네, 맞습니다. 우리는 채용 시장의 거의 전체 모수를 후보자로 관리하며, 전체 채용 프로세스를 통해 후보자의 감정과 행동 및 태도 등 후보자의 경험을 디자인하고, 개선하며 차별화 요소로 만듭니다.

후보자 경험이 주목받는 이유에 대해서는 어느 정도 이해했으리라 생각됩니다. 그러면 후보자 경험의 목적은 무엇일까요? 후보자 경험의 목적은 당연하게도 경험을 좋게 만드는 것입니다. 즉, 이 회사에서 합류하고 싶은 마음이 들게 하는 것이겠죠. 조금 더 후보자 관점에서 생각해본다면 모든 채용 프로세스에서 후보자는 각각의 '기대'를 가지게 될 텐데요. 이 기대를 관리하는 것이 후보자 경험을 좋게 만드는 재료가 될 것입니다.

후 보 자 여 정 설 계

기업 중심으로 채용이 진행되던 예전에는, 다른 회사보다 약간 더 친절하게 후보자와 소통하고 빠르게 정확한 정보를 전달하기만 해도 잡플래닛이나 블라인드 등 기업 리뷰 채널에서 꽤 후한 평가를 받을 수 있었는데요. 이제는 이 정도는 웬만한 기업에서 기본값이다 보니 차별화 요소로는 어림없습니다.

그러면 채용 담당자는 어디서부터 후보자 경험을 관리해야 할까요? 이를 위해 먼저 후보자 여정Candidate Journey을 살펴보겠습니다.

이런 깔때기 모양의 퍼널 차트Funnel Chart는 마케팅에서 많이 사용되고 있는데요. 후보자의 여정에도 적용해본다면 다음과 같은 단계를 거친다고 볼 수 있습니다.

1 인식(Awareness)

시장의 잠재적인 후보자를 포함한 모든 후보자에게 의도했든, 의도하지 않았든 우리 회사의 채용에 대해 접하는 단계입니다. 여러 채널을 통해 우리 회사의 채용 정보를 접할 수도 있고, 언론을 통해 회사를 인식할 수 있습니다. 또는 기업 리뷰나 직장인 커뮤니티 등을 통해서도 회사를 인식합니다.

우리가 의도한 대로 보이고 싶은 긍정적인 정보만 접하면 좋겠지만, 후보자가 우리 회사를 인식하는 채널은 무수히 많기 때문에 의도와는 달리 부정적인 정보를 먼저 접하고 이탈할 수도 있습니다. 그러면 우리는 이 단계에서 어떤 설계를 할 수 있을까요? 먼저 후보자가 인식하는 긍정적인 정보의 범위와 채널을 확대할 수 있습니다. 잘못된 기업 정보 등을 정정하고, 긍정적인 기업 활동에 대해서는 언론을 활용해 홍보합니다. 채용 정보도 후보자가 머무르는 다양한 채널을 활용해 홍보해볼 수 있습니다. 회사에 대한 모든 정보 사이에서 우리가 의도한 정보의 비율을 높인다면 그만큼 긍정적인 정보를 먼저 인식할 확률도 높아집니다. 우리 회사가 어떤 서비스와 제품을 제공하고 있는지를 알리고, 우리 사업의 비전을 어필합니다. 또한 우리가 가진 목표와 미션에 대해 알립니다. 잠재적인 지원자와의 접점이 되는 이 단계에서는 채용까지 이어지지 않더라도 나중에 다시 합류를 고려할 수 있는 긍정적인 경험을 만들 수 있기 때문에 현재 채용하고자 하는 포지션에 대해서뿐만 아니라 보편적으로 회사를 긍정적으로 생각할 수 있도록 정보를 제공하는 것이 후보자 경험 설계에 좋은 전략이 될 수 있습니다.

2 고려(Consideration)

후보자가 인식한 정보를 토대로 이탈하지 않고, 우리의 채용에 대해 조금 더 주의 깊게 살펴보는 단계입니다. 이 단계에서는 다른 회사와 우리 회사를 비교하기도 하고, 회사에 대해 적극적으로 조사하는 행동을 취합니다. 여기서는 조금 더 채용 관점에서 후보자 여정을 고민합니다. 우리 회사의 경쟁 우위는 무엇인지, 우리가 조금 더 눈에 띌 수 있는 방법은 무엇인지를 고민하고 채용 브랜딩을 펼칩니다. 앞서 일반적인 회사 정보들을 접했다면, 이제는 지원을 고려하며 자신과 회사가 적합한지를 고민하고 기업의 가치와 평판을 본격적으로 알아볼 것입니다. 회사 홈페이지 등 공식적인 채널을 통해서 회사에 대한 자세한 정보를 제공하고, 후보자가 이탈하지 않도록 관리해야 합니다. 공식적인 채널이 없다면, 간단하게라도 정보를 알릴 수 있는 창구를 만드는 것이 좋습니다. 회사에서 제공하는 정보뿐만 아니라 더 객관적으로 정보를 파악할 수 있는 서드파티Third-Party 사이트도 있는데요. 예를 들어, 한국에서 서비스되는 잡플래닛, 블라인드, 크레딧잡, 해외의 글래스도어Glassdoor가 그 예입니다. 기업의 리뷰, 평판이 어떠한지 지속적으로 모니터링하면서 잘못된 정보를 바로잡고, 후보자가 올바른 정보를 수집할 수 있도록 설계해야 합니다.

3 흥미(Interest)

　마침내 우리 회사를 긍정적으로 인식하고, 지원 대상으로 선정하는 단계입니다. 구체적으로 지원 계획을 세우고, 지원하기 위한 방법을 찾습니다. 실제 지원 바로 전 단계이기 때문에 여기까지 도달했음에 안심할 수도 있지만, 후보자의 의사가 언제 바뀔지 모르기 때문에 조심해야 하는 단계이기도 합니다. 특히 후보자는 지원하기 직전에 우리 회사의 채용 프로세스와 전형 기간 등 방법을 알아볼 텐데, 이때 지원에 필요한 사항들을 정확하고 상세히 안내하여 궁금증을 빠르게 해소하는 것이 좋은 전략이 될 수 있습니다. 후보자가 지원 여부를 결정하기 전 채용 공고를 살펴보는 데 평균적으로 14초가 소요되고, 300단어 이하의 쉽게 읽힐 수 있는 채용 게시물은 지원자가 평균 8.4% 증가했습니다. 아울러 후보자 관점에서 관심이 있는 정보를 제공할 수 있는 채용 공고를 작성하기 위해 고민해야 합니다. 회사가 아닌 후보자의 업무상 역할에 집중하여 설명하는 것이 좋습니다.

4 지원(Application)

　실제 파이프라인 내 후보자로 들어온 단계입니다. 이 단계에서 후보자는 지원이 정상적으로 잘 진행되었는지, 결과는 언제 알 수 있는지를 궁금해합니다. 우리는 지원 프로세스를 더욱 명확하고 쉽게 알려주고 빠르게 결과를 안내하며 후보자와의 접점을 강화할 수 있습니다. 지원 절차를 쉽게 만드는 것도 좋은 전략입니다. 지원 절차가 너무 오래 걸리거나 복잡하면 후보자의 60%가 이탈한다고 합니다. 특히 MZ 세대 후보자가 포지션에 지원하는 소요 시간은 길어봐야 15분 미만이라고 하는 우스개 소리도 있습니다. 간편하게 이력서를 업로드하게 하고, 아주 기본적인 정보만 입력하게 하고, 필요시 몇 개의 질문이나 항목만 적을 수 있는 '간편 지원 프로세스'를 마련하는 것도 접점 강화에 좋은 전략이 될 수 있습니다.

5 선발(Selection)

우리의 채용 프로세스에 따라 서류 심사, 인터뷰 등 선발 프로세스를 거치는 단계입니다. 후보자는 전형이 앞으로 어떻게 전개될지, 결과가 긍정적인지를 가장 궁금해할 텐데요. 선발 과정에 대해서도 인터뷰의 형식과 프로세스 소요 시간, 결과에 대한 상세한 안내 등 후보자의 기대 사항을 충족하여 경험을 향상시킬 수 있습니다. 면접관의 인터뷰 에티켓, 면접 질문 퀄리티 등 또한 영향을 미칠 수 있습니다. 후보자가 최종 입사를 결정하기까지의 단계는 회사와 후보자의 유대 관계Engagement를 강하게 만드는 단계인 만큼 최근 입사한 입사자를 대상으로 선발 단계에 관해 인터뷰나 설문조사를 시행해도 많은 도움이 됩니다. 특히 가장 많은 영향을 미치는 인터뷰 단계에서 경험 관리를 철저히 해야 합니다. 먼저 인터뷰 프로세스가 투명하다고 생각되게끔 만들어야 합니다. 명확하고 일관된 소통으로 후보자가 존중받고 있음을 느끼도록 하고, 인터뷰 시간을 가치 있게 생각할 수 있도록 배려해야 합니다. 또한 전형 후속 단계, 일정은 빠르게 통보해야 합니다. 전형에 탈락했더라도 모든 후보자에게 피드백을 전달하는 것이 좋습니다. 앞 장에서 인터뷰 설계와 오류에 대해서 살펴본 것과 같이 공정한 인터뷰 절차는 후보자 경험에 큰 영향을 미칩니다. 객관성이 높은 인터뷰를 진행하여 전형에서 탈락하더라도 후보자가 납득할 수 있게끔 만들도록 노력해야 하며, 인터뷰 중 사용하는 표현의 일관성, 질문의 표준화 등 소통 과정에서도 후보자에게 부정적인 경험을 강화하지 않도록 노력해야 합니다.

6 채용(Hire)

모든 단계를 거쳐 우리의 동료로 후보자가 합류하는 단계입니다. 처우 협의부터 입사일을 정하고 입사일까지 프리보딩Pre-Boarding 단계에서도 후보자가 회사에 소속감을 느낄 수 있게 하는 것이 중요합니다. 자칫 여기서 후보자의 여정이 끝났다 생각하고 후보자 경험을 소홀히 하다가는 오랜 기간 설계한 후보자 경험이 모두 무의미해질 수 있습니다.

후 보 자 　 경 험 　 설 계

후보자 여정을 살펴보았으니 이제 각 여정에서 후보자 경험을 구체적으로 설계해봅시다. 후보자 경험 설계는 현재 채용 프로세스의 문제점을 진단하고 개선하는 것부터 시작할 수 있는데요. 후보자 경험을 설계하기 위해서는 아래의 내용을 고민해봅니다.

후보자를 채용 프로세스 중심에 놓고 생각해보기

기본적으로 모든 단계에서 후보자 여정은 후보자를 중심으로 두고 고민해야 합니다. 후보자 중심의 채용 프로세스를 만들기 위해서는 항상 후보자의 니즈를 파악해야 합니다. 후보자 중심의 채용 프로세스는 긍정적인 후보자 경험을 제공하는 것뿐만 아니라 오픈된 포지션에 더 적합한 사람을 쉽게 뽑을 수 있도록 돕습니다. 이러한 후보자 경험을 형성하면 장기적으로 후보자와의 관계를 구축해서, 설령 이번 기회에 지원까지 이어지지 않거나 채용 프로세스 진행 도중 이탈하더라도 계속 회사와의 관계를 이어 나갈 수 있습니다.

후보자의 기대치는 입사에 영향을 미칩니다. 후보자들이 이상적으로 바라는 포지션의 역할은 무엇인지, 회사는 어떤 곳인지를 파악하는 것도 중요합니다. 다음 그림(132쪽), 어디서 본 적 있죠?

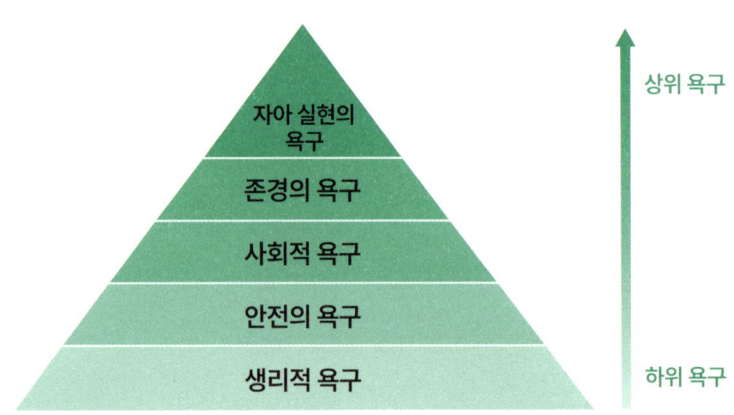

매슬로의 욕구 단계 이론

위 그림은 에이브러햄 매슬로의 욕구 단계 이론을 나타내는데요. 인간의 욕구를 하위 욕구부터 상위 욕구로 나누어 보자면 생계유지를 위한 생리적 욕구, 안정적인 상황에 대한 안전의 욕구, 공동체의 소속감에 대한 사회적 욕구, 일의 성공, 지위, 명예에 대한 존경의 욕구, 마지막으로 성장, 잠재력 달성 등 자신이 되고자 하는 모습을 이루고자 하는 자아실현의 욕구가 있습니다.

이 이론을 채용에 한번 적용해볼까요? 가장 아래 생리적 욕구에는 일을 하며 얻는 보상 수준을 생각해볼 수 있습니다. 취직과 이직을 고려할 때 현재보다 나은 보상 수준을 기대하는 후보자의 니즈 말이죠. 다음은 안전의 욕구입니다. 회사의 기반이 튼튼한지, 내가 합류하게 된다면 안정적으로 근무할 수 있는 회사인지를 기대하며 후보자는 회사에 지원을 결심할 것입니다. 다음은 사회적 욕구인데요. 회사에서 느낄 수 있는 소속감과 더불어 조직 문화나 일하는 문화가 이 욕구에 해당한다고 볼 수 있습니다. 다음은 존경의 욕구입니다. 회사의 성과 체계 등 내가 한 일에 대해 적절히 평가받고 인정받을 수 있는지를 확인하고 지원을 결심할 것입니다.

마지막으로 자아실현의 욕구입니다. 회사의 성장과 더불어 내가 성장할 수 있는 환경인지 이곳에서 커리어를 잘 쌓아갈 수 있는지 기대하며 지원을 결심하게 됩니다. 본질적으로 인간의 욕구를 충족하는 사회적 활동의 기저에는 '일'이 있고, 우리는 이 직업과 닿아 있는 일을 하고 있습니다. 그렇기 때문에 후보자 니즈를 파악하는 데 어려움이 있다면 이 이론을 적용해보며 우리 회사에 관심을 가지는 후보자들이 어떤 니즈를 갖고 있을지를 유추해보는 것이 도움이 될 것입니다. 후보자가 실제 업무와 회사에 대해 자아실현까지 그려볼 수 있도록 기대치를 제공하여 후보자의 기대를 관리해야 합니다.

최근 채용 시장에서 좋은 인재를 확보하기 위한 경쟁으로 보상을 강조한 채용 캠페인을 펼치는 회사들이 많아졌는데요. 채용 담당자 분들과 이야기를 나누다 보면 보상 때문에 많은 고민을 하고 있는 것을 알 수 있었습니다. 일에 있어 보상은 아주 중요한 부분을 차지하지만, 그만한 보상을 내세울 여력이 없는 회사가 아마 더 많을 겁니다. 또한 회사의 보상 체계는 채용 담당자가 바꿀 수 없는 부분이기 때문에 우리는 어떤 것을 강조하여 후보자의 니즈를 충족시킬 수 있을지

포기하지 않고 전략을 수립해야 합니다. 서로 다른 니즈를 가진 다양한 후보자 중에 우리가 가진 장점을 알아봐줄 후보자는 분명 존재합니다.

지원 전 단계부터 놓치지 않기

이 글을 보고 있는 여러분은 회사의 취직, 이직을 고려할 때 어떤 것부터 준비하나요? 아마 정보를 먼저 수집할 겁니다. 실제로 취업준비생 4명 중 3명은 입사 지원 전에 회사의 평판을 고려한다고 합니다. [1]CR Magazine에서 한 조사에 따르면 69%의 사람들이 비록 실업자일지라도 나쁜 평판을 가진 회사에는 취업하지 않을 것이라고 답했다고 하는데요. 이는 채용 담당자에게는 꽤 마음 아픈 결과입니다. 그렇기 때문에 우리는 지원 전 단계에서부터 후보자 경험을 긍정적으로 만들 수 있도록 고려해야 합니다. 후보자의 입장에서 회사에 지원할지 결정하기 전에 우리 회사를 검색하거나 주위에 물어보는 등 정보를 수집하는 활동을 취할 때 어떤 것을 가장 먼저 접하는지를 살펴봅니다. 채용 채널에서 채용 브랜딩을 펼치기 위해 콘텐츠를 올리거나 페이지를 구성하려면 각 채널 서비스를 사용하는 데 많은 비용을 부담해야 합니다. 그럼에도 많은 비용을 투입하는 이유는 잠재 후보자에게 도달할 수 있는 영향력이 크기 때문에 많은 기

---

1 출처: https://sustainablebrands.com/read/organizational-change/americans-would-rather-remain-unemployed-than-work-for-companies-with-bad-reputations

업에서 활용하죠.

  회사와 후보자의 모든 접점은 언제든 후보자가 우리의 채용 프로세스로 들어올 수 있는 잠재력을 가진 중요한 순간이라는 점을 생각하며 긍정적인 채용 브랜딩 구축과 지속적인 관리를 해야 합니다. 이를 본격적으로 시작하기 어려운 상황이라면 최소한 내부 직원과 후보자의 리뷰 등 동향을 모니터링하며 개선점을 찾아보는 것부터 시작해 볼 수 있습니다.

미스터리 쇼퍼 되어보기

  채용 담당자로 오래 일하다 보면 후보자의 불편을 간과하기도 합니다. 불편함을 느끼는 지점을 알더라도 회사의 내부 상황이나 시스템은 개선하기 어려움을 더 잘 알고 있기 때문에 넘어가는 경우도 있습니다. 그럼에도 가능한 부분을 집요하게 찾아 개선한다면, 지원 과정에서 이탈하는 후보자를 붙잡을 수 있습니다.

  대학 시절 미스터리 쇼퍼 아르바이트를 한 적이 있습니다. 미스터리 쇼퍼는 손님으로 가장하여 매장을 방문하고, 서비스 응대 및 매장의 청결 상태 등을 점검하는 것인데요. 미스터리 쇼퍼가 체크해야 할 항목이 아주 많고 구체적이어서 상당히 놀랐던 적이 있습니다.

- 매장에 들어온 후 인사를 하기까지 얼마나 시간이 걸리는지?
- 웃는 얼굴로 허리를 숙이며 인사했는지?
- 유니폼을 올바르게 착용하고, 명찰을 달고 있는지?
- 부담스럽지 않을 정도로 응대하고 있는지?
- 환불을 요구했을 때 웃으며 고객을 대하는지?

- 베스트셀러 제품을 추천하는지?
- 물건에 대한 상세한 안내를 요구했을 때 제품의 기능과 특징에 대해 자세히 숙지하고 설명하는지?
- 재고가 없는 물건을 요구했을 때 절차에 따라 안내하고 있는지?
- 매장은 청결하게 관리되고 있는지?
- 고객 앞에서 직원끼리 잡담 등 사적인 대화를 하고 있는지?

기업에서 서비스에 대해 이 정도로 철저히 관리하고 있고, 고객 경험을 중요하게 여기고 있음을 알 수 있었는데요. 그럼 채용에서의 후보자 경험은 이와 다를까요? 우리는 미스터리 쇼퍼가 되어 채용 프로세스를 점검해볼 수 있습니다. 위 질문을 채용 관점에서 풀어본다면 이렇게 적용해볼 수 있겠습니다.

- 인터뷰를 위해 회사에 방문했을 때 안내받기까지 얼마나 시간이 걸리는지?
- 담당자를 한눈에 알아볼 수 있었고, 웃는 얼굴로 인사했는지?
- 단정한 옷차림과 준비된 모습으로 맞이했는지?
- 채용 전형과 포지션에 대해 안내했는지?
- 궁금한 점에 대해 상세히 답변했는지?
- 이후 전형과 전형 결과에 대해 안내하고 있는지?

- 포지션의 역할에 대해 자세히 숙지하고 설명하고 있는지?
- 면접 장소는 집중할 수 있는 환경으로 조성되어 있는지?
- 면접관은 존중하는 태도로 면접에 임하고 있는지?
- 지원 과정은 어렵지 않았는지?
- 지원서를 작성할 때 파일 업로드 등 불편한 점은 없었는지?

지원 및 채용 전형 과정에서 매끄럽지 않은 부분은 없었는지, 회사에 대해 부정적인 인상을 받을 만한 요인은 없었는지 찾기 위해 담당자의 관점이 아닌 후보자의 관점에서 경로를 따라가본다면 분명 발견하지 못했던 문제점이 보일 수 있습니다. 실제 지원 과정도 다시 한번 진행해보며 과거의 기억을 떠올려보고, 새로운 시스템이 도입되었다면 그에 맞춰 진행해보는 것이 필요합니다. 모든 과정에서는 후보자에게 가능한 한 많은 가능성을 열어두고, 불편함을 해소하는 것을 목표로 한다면 후보자 경험을 개선하는 데 많은 인사이트를 얻을 수 있을 것입니다.

후보자 여정 차트 만들기

여기까지 잘 따라왔다면 후보자가 경험하게 될 내용들을 시각적으로 파악해봅니다. 채용 프로세스에서 후보자가 기대하는 사항들을 충족하기 위해 우리는 어떤 조치를 하고 있는지, 혹은 해야 하는지를 다음(138쪽)과 같이 시각적으로 그려보며 후보자 경험을 촘촘하게 설계합니다. 채용 프로세스의 각 단계에서 어떤 접점을 가지는지를 즉각적으로 확인하고, 채용 담당자끼리도 결을 맞춰 어떤 요소가 후보자 행동, 경험, 태도에 영향을 미칠 수 있는지를 확인하는 것입니다.

에어비앤비 채용팀에서는 최상의 후보자 경험을 도출하기 위하여 실제 에어비앤비에 입사 경험이 있는 직원들을 대상으로 로드맵을

구성했습니다. 또한, 후보자들에 궁금증을 해소하기 위해 최초 지원 이후로 전형이 어떻게 흘러갈지에 대한 내용과 전형에 대한 FAQ를 구성하여 직원들에게 배포합니다. 후보자들이 회사에 대한 정보를 서칭하다 보면 구성원의 링크드인을 보기 마련인데요. 에어비앤비는 임직원들에게 간단한 보상을 걸고 프로필 업데이트를 유도합니다. 업데이트되는 내용들은 후보자가 궁금해하는 내용들로 구성되며, 문화나 일하는 방법 같은 내용들을 의도적으로 접하게 만듭니다. 또한 면접이 마무리된 후 사무실 투어를 진행하여 회사 문화도 경험할 수 있도록 했습니다. 또한 전형에서 탈락한 이후에도 향후에 역량을 쌓

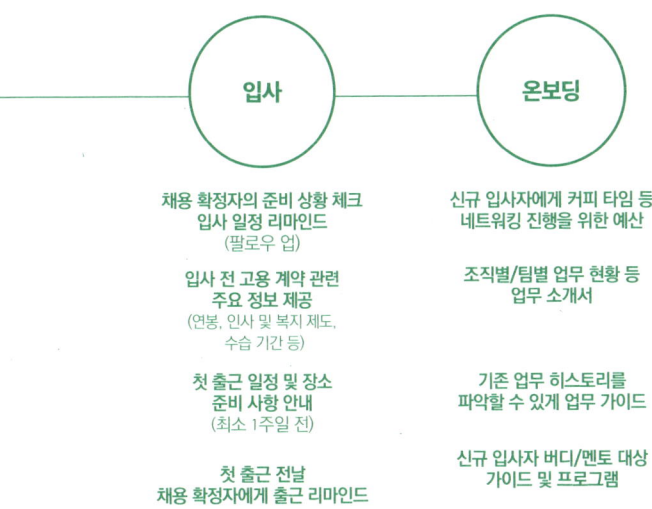

고 재지원할 수 있도록 탈락 이메일과 전화를 통해 후보자가 더 발전할 수 있는 개별 피드백을 제공합니다.

입사 이후를 상상하게 만들기

후보자가 회사에서 일하는 자신의 모습을 상상할 수 있는지는 후보자 여정에서 중요한 부분입니다. 후보자에게 기대하는 역할을 명확히 보여주는 JD도 물론 중요하지만, 우리 회사의 핵심 가치는 무엇인지 소속하게 될 팀은 어떤지 우리의 문화는 어떤지 알려주며 입사 이후를 상상하게 만드는 것이죠.

후보자 경험을 최우선으로, 에어비앤비

에어비앤비는 후보자 피드백을 굉장히 중요시하는 것으로 유명합니다. 후보자와 커뮤니케이션하는 모든 수단에 후보자의 경험을 묻는 설문 조사를 첨부하고 모든 설문 결과를 하나하나 다 꼼꼼하게 살펴봅니다. 두 달에 한 번씩 진행되는 리크루팅 올핸즈 미팅all-hands meeting(전사 모임)에서 설문 결과를 직원 모두와 함께 리뷰하고, 잘한 것과 못한 것, 개선할 방법을 논의하죠. 간혹 설문 결과에서 후보자가 특정 리크루터를 칭찬하는 피드백을 주기도 하는데, 그럴 땐 미팅 자리에서 다 함께 칭찬해주는 유쾌한 시간을 가지기도 합니다.

또한 월별로 싱크업 미팅sync-up meeting(현황 공유 회의)을 현업과 가지면서 인터뷰 프로세스에서 개선할 수 있는 후보자 경험에 대해 주기적으로 얘기를 나눕니다. 이때 설문 결과에 나왔던 후보자의 피드백을 조금 더 심도 있게 다루고 이슈에 대해서 현업과 함께 해결합니다.

후보자의 입사가 확정될 때마다 리크루팅팀 내에서 자체 회고를 진행하며 아래와 같은 질문에 대한 답변을 리뷰합니다.

- 우리는 해당 후보자의 채용 과정에서 무엇을 기대하는지 투명하게 커뮤니케이션했나요?
- 우리는 후보자와의 의사소통이나 인터뷰 일정을 적시에 잘 진행했나요?
- 후보자가 느낀 경험이 우리가 설정한 기대치를 충족하지 못한다면, 우리의 실수를 인지하고 바로잡기 위해 최선을 다했나요?

사람은 익숙한 환경에서 안정감을 느끼고 행동을 결정하는데요. 처음 인터뷰를 진행하기 위해 회사를 방문했을 때 그 공간은 새롭고 낯설 뿐만 아니라 인터뷰라는 특수한 상황에서 긴장하기 마련입니다. 그러나 회사의 일상을 살펴보는 기회이기도 하기 때문에 가능한 한 후보자가 회사를 간접적으로라도 느낄 수 있게 환경을 마련해준다면 우리와의 미래를 그려보는 소중한 기회가 됩니다.

신규 입사자에게서 이런 말을 들은 적이 있습니다. 인터뷰를 위해 회사를 방문했을 때 간단하게 오피스 투어를 진행해준 게 기억에 남았고, 입사를 결정하는 데 큰 동기가 되었다고 하더라고요. 사무실을 둘러보며 회사 카페에서 출근 후 커피를 마시는 일상을 그려볼 수 있었고, 구성원들이 공용 공간에서 협업하고 있는 모습을 보며 회사의 분위기가 참 밝다는 인상을 받았다고 합니다. 회사 문화를 나타내는 포스터가 곳곳에 배치된 모습이나 면접 공간으로 마련된 회의실 등을 보면서 조직 문화를 간접적으로 경험했고, 회사에 도착했을 때 반갑게 맞이해주는 구성원들을 보며 이곳에서 일하는 게 즐거울 것 같다는 생각이 든다고 말이죠. 물론 인터뷰 전에 준비하는 시간이 필요한 후보자도 있고, 대기 시간이 넉넉하지 않거나 많은 인터뷰 스케줄 때문에 모든 후보자에게 오피스 투어를 진행하긴 어렵습니다. 그러나 가능하다면 많은 분에게 부담스럽지 않은 선에서 오피스 투어를 제안해 진행하고 있습니다. 실제 만족도 조사에서도 이러한 부분을 긍정적으로 평가하는 후보자가 많았습니다.

코로나 여파로 인해 많은 기업에서는 안전상의 이유로 비대면 인터뷰를 진행하는 곳이 많아졌습니다. 시간과 공간 측면에서도 효율적인 방식이지만 저의 경우 당시 이직을 고려하던 상황에서 입사를 결정하는 데 많은 고민이 되었습니다. 한 번도 가보지 않은 회사에서 일하는 모습이 그려지지 않았기 때문입니다. 결국 회사를 경험해본 곳을 선택했는데요. 비대면 인터뷰 등 전형 과정을 설계하는 데 있어 회사를 간접적으로라도 경험해볼 기회가 마련되어 있지 않는 곳이라면 화상 회의의 배경을 실제 오피스 사진으로 보여주거나, 랜선 투어 등의 콘텐츠를 마련하는 것도 좋은 아이디어가 될 수 있습니다.

후보자 경험을 위한 노력들

채용 과정은 후보자를 평가하는 과정이기도 하지만 후보자가 우리를 평가하는 과정이기도 합니다. 전형 과정을 진행하는 동안 우리는 매 순간 후보자와 약속을 합니다. 일정을 조율하고 피드백 기한을 안내하고 이후 전형에 대해 알려주는 모든 과정에서 우리가 약속을 어기고 있진 않은지 살펴보아야 합니다. 인터뷰 시간에 늦는 것을 포함해 채용 담당자와 약속한 시각에 연락이 닿지 않는 경험은 나쁜 인상을 줄 뿐만 아니라 후보자의 불안감을 증폭시킵니다. 후보자와의 약속은 후보자 경험의 기본이며, 타임라인을 정해 반드시 지키도록 노력해야 합니다.

이 외에 후보자 경험을 위해 노력하는 기업들의 사례를 통해 아이디어를 얻을 수 있습니다. 호텔 예약 서비스 플랫폼인 부킹닷컴 Booking.com은 후보자들이 전형에 지원했을 때 실제 회사에서 근무하는 방식이나 문화 같은 내용을 다양한 콘텐츠(블로그 포스트, 사진, 영상, 인포그래픽)로 표현해 참고할 수 있게 만들었고, 후보자들이 원하는 간단한 팁도 게시했습니다. 또한 인재 풀에 등록하여 연관 포지션이 오픈될 때 알림을 주도록 만들었습니다. 부킹닷컴은 단순히 웹사이트에만 후보자 경험을 관리하지 않고 오프라인 후보자 접점도 관리하고 있는데요. 그중 하나가 본사에서 진행하는 행사인 '리크루터 하이어링 데이Recruiter Hiring Day' 입니다. 여기서는 후보자들과 웹상으로만 소통을 주고받지 않고 면접과 오피스 투어 같은 친밀한 상호작용이 일어날 수 있는 방식으로 후보자 경험을 향상시키고 있습니다. 비대면 채용 프로세스의 좋은 보완책이 될 수 있겠죠.

클라우드 컴퓨팅 업체인 디지털오션DigitalOcean은 후보자들이 채용 전형을 진행하며 모든 여정을 투명하게 후보자들에게 전달되는 것을 목표로 후보자 경험을 구성합니다. 웹사이트를 통해 FAQ나 이후 전형 절차, 전형을 준비하며 필요할 수 있는 자료들을 정리해 후보자에게 공유하고 있고, 대면 면접 이후 탈락한 후보자에 한해 편하게 연락할 수 있도록 안내하고 있습니다. 만약 후보자가 연락한다면 면접관이 후보자들에 대한 실질적인 피드백을 전달합니다. 후보자들은 이러한 피드백을 통해 재지원을 하거나 다른 회사에 지원하는 데 도움을 받고, 긍정적인 경험과 함께 전형을 종료합니다.

디지털오션의 사례를 살펴보면 인터뷰에서 후보자가 단순히 우리 회사에 적합한지를 살펴보는 데 그치지 않고 인터뷰 과정에서 후보자의 성장을 도우려고 하는 의도가 느껴집니다. 이들이 우리 기업에 다시 지원하지 않더라도 같은 업무를 하는 선배로서 앞으로 발전하는 데 있어 도움이 될 만한 피드백을 전달하고, 역량을 강화할 수 있도록 하며 긍정적인 후보자 경험을 쌓아갈 수 있습니다.

글로벌 기업들은 다양성과 포용성에 대해서도 후보자 경험 측면에서 많은 고민을 하고 있는데요. 어도비에서는 다양한 배경을 가진 후보자들의 경험을 향상할 수 있도록 면접관 또한 다양한 배경으로 구성합니다. 내부 편견 교육 등으로 잠재적 편견 요인을 완화하고 건전하게 평가를 할 수 있도록 지원하며 채용팀이 다양한 후보자를 소싱해 채용 프로세스에 참여하도록 장려합니다.

후보자 경험의 향상은 좋은 인재를 확보할 가능성을 높여준다는 이점도 있지만, 채용 프로세스를 떠나 기업의 고객 관리 측면에서도 매우 효과적입니다. 후보자가 기업에 대해 긍정적으로 인식할 수 있다면 그 후보자가 탈락한 후에도 기업의 충성 고객이 될 수 있기 때문입니다. 실제로 후보자 경험이 고객 관리에 영향을 미친 사례도 있습니다. 긍정적인 후보자 경험은 기업의 수익 창출과 직접적으로 연관되어 있으며 마케팅 비용 절감에도 효과적인 수단입니다. 후보자 경험의 중요성을 알아보았다면 이제 후보자의 각 여정에서 긍정적인 후보자 경험을 형성하기 위해 고려해야 할 것들을 살펴봅시다.

버진 미디어의 사례

영국의 기업 버진 미디어Virgin Media는 채용 면접 과정에서 불쾌감을 느끼고 탈락한 후보자가 실제로 버진 미디어의 케이블 채널 구독을 취소했다는 사실을 설문 조사를 통해 파악했습니다. 부정적인 후보자 경험 때문에 탈락자는 기업의 서비스 사용을 중단하고 기업은 경쟁 업체에 고객을 빼앗겼죠.

버진 미디어의 채용팀은 곧장 고객 분석팀과 함께 데이터 분석을 시행했고 흥미로운 인사이트를 발견했습니다. 1년 중 4주 정도 진행되는 채용 프로세스 기간에 7,500명의 고객이 월 정액 구독 서비스를 취소한다는 것이었죠. 이는 버진 미디어가 탈락시킨 123,000명의 후보자 중 6%에 해당하는 수치입니다. 재무적으로는 69억 원에 달하는 막대한 손실이죠. 버진 미디어는 이를 토대로 채용 프로세스를 재설계하고 후보자 경험을 강화하기 위한 노력을 기울였습니다. 그 결과 버진 미디어의 신규 고객 유입이 18% 증가했으며, 기존 고객의 이탈을 방지할 수 있었죠. 긍정적인 후보자 경험이 약 148억 원의 수익 창출로 이어졌습니다.

6

개발자 채용은 다른가요?

개발자 채용을 담당하는 테크 리크루터

이제는 '디지털화'라는 단어조차 식상하게 느껴질 만큼 모바일과 PC를 통해 대부분의 서비스에 접근하는 것이 당연한 시대가 왔습니다. 미국 노동통계국은 2026년까지 소프트웨어 개발자에 대한 수요는 다른 직종보다 거의 3.5배 빠르게 증가할 것으로 예측했습니다. 이는 개발자 채용에 있어서도 경쟁이 치열해질 것임을 의미하기도 하죠. 미국의 취업 정보 사이트 인디드Indeed는 [2]기술 인력 부족이 비즈니스에 미치는 영향을 파악하기 위해 각 기업의 채용 담당자를 대상으로 설문조사를 시행했는데, 86%가 기술직 인재를 찾고 채용하기가 어렵다고 말했으며 이 중 3분의 1은 '매우 어렵다'라고 답했습니다.

실제로 디지털 전환Digital Transformation으로 인해 전 세계 기업은 기술 인재 부족 문제를 겪고 있습니다. 2018년 기준 미국에서 기술 직군의 실업률은 2% 미만에 불과했고, 2020년에는 컴퓨터 공학 기반 일자리가 100만 개 이상 공급되었습니다. 심지어 대졸 학력도 요구하

---

[2] 출처: https://www.indeed.com/lead/impact-of-tech-talent-shortage

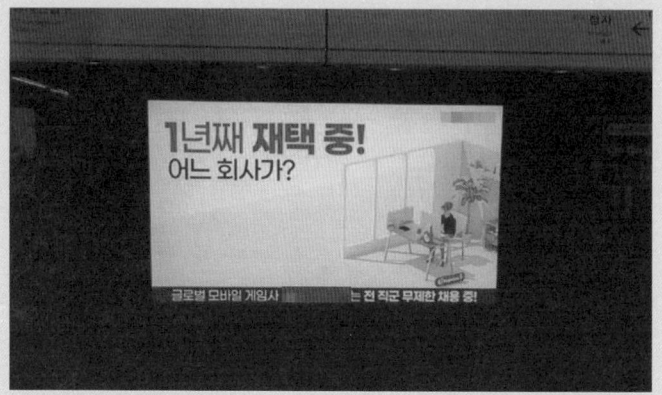

지 않았어요. 개발자 부족 현상이 이어지니 최대한 지원 장벽을 낮추려고 시도한 것입니다.

국내에서는 좋은 개발자를 채용하기 위해 기업의 대표가 직접 채용에 뛰어드는 사례도 빈번하며, 기술직 채용을 위한 조직 개편 및 개발자 연봉 인상 등 기업이 내세울 수 있는 가장 멋지고 비싼 카드를 꺼내 들며 개발자 영입을 위한 인재 전쟁을 치르고 있습니다.

이에 따라 개발자를 채용하는 '테크 리크루터Tech Recruiter'의 수요도 급증했으며, 채용 업계에도 전문적인 영역의 업무 형태와 역할이 시장에 널리 알려졌습니다. 리크루터라는 직무가 각광받고 화두로 떠오른 것 또한 이러한 테크 리크루터의 채용 수요가 급증하면서부터라고 할 수 있으며, IT 업계의 개발자 구인난이 심화하면서 테크 리크루터를 공격적으로 채용하는 기업들이 속속들이 생겨나고 있습니다.

그렇다면 이렇게 각광받는 '테크 리크루터'는 기존의 '리크루터'와 무엇이 다를까요? 사실은 리크루터와 크게 다르지 않습니다. 리크루터 본연의 업무 방식과 틀은 동일하지만 개발자 중심의 채용 브랜딩 활동을 기획하고 운영하는 직무입니다. 개발자를 채용하기 위해 가장 적합한 채용 프로세스를 설계하고 운영하며, 개발 시장에 있는 좋은 개발자를 파악하고 직접 컨택하여 다이렉트 소싱을 진행해 우리 회사로 모여들게 합니다.

그뿐만 아니라 기술팀이나 조직을 구축하기 위한 초기 팀을 세팅하는 작업에 적극적으로 참여하기도 합니다. 보통 CTO Chief Technical Officer(최고 기술 책임자) 혹은 기술 리더들과 신규 서비스 개발을 위한 조직을 어떻게 구성할지, 어떠한 개발자들로 조직을 구성할지를 테크 리크루터와 함께 논의하기도 합니다. 테크 리크루터 또한 조직의 상황과 성격에 맞는 기술 인원을 채용하기 위한 전략을 조언하고 시장 현황을 공유하게 됩니다. 테크 리크루터는 이처럼 IT 분야에 중점을 두고 해당 분야에서 가장 뛰어난 인재를 회사와 연결하는 역할이기 때문에 프로그래밍 언어 등 기술 분야에 대해 어느 정도 이해하고 있어야 합니다. 더불어 기술 조직을 구축하기 위해서 다양한 개발 직무와 그들의 역할을 잘 알고 있어야 하죠.

텐센트의 인재 선점

중국에서도 국내와 같이 대규모 개발자 채용과 연봉 인상 물결이 진행 중입니다. 텐센트Tencent는 중국에서 가장 큰 IT기업 중 하나이며, 세계 1위의 게임 회사입니다. 이들은 2020년에 5,000명, 2021년에 8,000명의 역대급 대규모 공채를 진행하여 시장에서 인재를 선점하고 있는데요. 특히 게임 기획 등 다양한 교육 프로그램을 통해 '실습-육성-고과-채용' 단계로 정직원 인재 양성을 목표로 하고 있습니다. 2021년에는 기술직 인턴의 70%가 정규직으로 전환되었다고 합니다. 텐센트는 높은 수준의 연봉과 복지를 제공하는 것으로 유명한데요. 모든 직원에게 입사 후 맥북 프로 노트북을 지급하고 3년마다 새 노트북으로 교체해주기도 하며, 매년 춘제(春節, 설)에 전 직원들에게 세뱃돈을 지급합니다. 2019년에는 임직원들에게 총 2조 원 규모(인당 7,550만 원어치)의 인센티브를 지급해 화제가 되기도 했습니다.

연봉도 중국에서 상위권입니다. 2020년 감사보고서에 따르면 텐센트의 지난해 직원 1인당 평균 연봉은 81만 위안(약 1억 3,800만 원)을 기록했으며, 일인당 월 평균 급여액은 6만 7,600위안(약 1,200만 원) 수준이라고 합니다. 업계 관계자는 텐센트는 중국에서 '신의 직장'으로 꼽힌다고 평가하기도 했습니다.

이팸의 자유로운 업무 제도

이팸Epam은 기업 소프트웨어 개발 및 디지털 제품 설계를 기반으로 하는 미국의 소프트웨어 회사입니다. 이팸 또한 개발자 확보를 위해 'EPAM Anywhere'라는 원격 업무 제도를 운용합니다. EPAM Anywhere를 사용하면 소프트웨어 엔지니어, 비즈니스 분석가, 디자이너 및 기타 기술 분야의 사람들이 자신의 환경과 조건에 따라서 언제 어디서든 자유롭게 근무할 수 있게 하며, 동시에 고용에 대한 심리적 안정감을 주며 원격 근무 제도를 제대로 즐길 수 있도록 돕습니다.

해외뿐만 아니라 국내에서도 여러 기업들이 완전 재택 근무, 유연 근무 제도 등 개발자들이 만족하며 근무할 수 있는 여러 환경과 조건을 만들고 개선하며 채용 시장에서의 입지를 확고히 하기 위한 시도를 하고 있습니다.

테크 리크루터라면 알아야 할 것들

개발 분야에도 정말 다양한 직무가 존재합니다. 기술이 빠르게 변화함에 따라 새로운 기술 관련 포지션도 빠르게 생겨나고 있습니다. 다양한 개발 직무를 모두 다 알기는 어렵지만, 테크 리크루터는 시장에서 가장 많이 채용하는 개발 포지션은 무엇이고, 최근 가장 수요가 높은 개발 포지션은 무엇인지를 알고 있어야 합니다. 채용하려는 후보자에게 어떤 기술과 경험을 원하는지도 정확히 알아야 하죠. 회사마다 우선순위를 두는 포지션은 다르겠지만, 시장에서 일반적으로 가장 많이 채용하는 기술 스택Stack을 살펴보는 것이 중요합니다. 기술 스택이란 응용 프로그램이나 프로젝트를 빌드(제작)하고 실행하는 데 사용하는 기술의 조합을 말하며, 솔루션 스택Solution Stack이라고도 합니다. 일반적으로 프로그래밍 언어, 프레임워크, 데이터베이스, 프런트엔드, 백엔드 및 API를 통해 연결된 애플리케이션으로 구성됩니다.

이 책에서는 기업에서 가장 많이 채용하는 개발 직군의 간단한 역할과 개념만 살펴볼 예정입니다. 테크 리크루터이거나 테크 리크루팅을 할 분들은 백엔드, 프런트엔드, 데이터 엔지니어, 인프라 엔지니어, 데브옵스 엔지니어 같은 개발 포지션을 채용할 일이 많을 거예요. 가장 대표적인 기술 관련 포지션이기 때문이죠. 최근 비개발 직군 분들이 이해하기 쉽도록 구성된 개발 직군과 직무에 대한 설명을 쉽게 풀어둔 서적이나 자료들이 많이 있으니, 더 깊은 이해나 지식이 필요하다면 이러한 관련 도서들이나 미디어 콘텐츠(유튜브 등)를 적극적으로 활용해봐도 좋습니다.

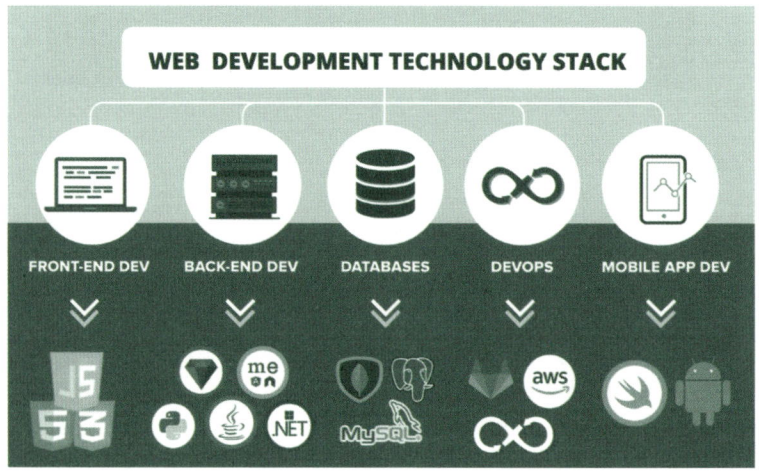

출처: https://www.angularminds.com/blog/article/top-web-development-stack-for-developers.html

각 기술 영역별로 사용하는 기술 스택 예시

| 백엔드 개발자

　백엔드Back-end 개발자는 사용자의 눈에 바로 보이지 않는 모든 것에 초점을 둡니다. 쉽게 말하면 우리가 사용하는 애플리케이션의 서버 측 소프트웨어를 담당하죠. 데이터베이스Database와 아키텍처Architecture를 관리 및 구축하는 일도 이들의 몫입니다. 백엔드 개발자

에게 요구되는 주요 역량은 자바Java, 파이썬Python, 루비Ruby와 같은 프로그래밍 언어를 포함하여 다양한 라이브러리와 프레임워크를 능숙하게 다루는 능력입니다.

프레임워크Framework란 비유하자면 개발에서 '뼈대'와 같은 것입니다. 프레임워크라는 뼈대 위에 개발자가 코드를 쌓아 프로그램을 짓는다고 이해하면 쉽습니다. 또 라이브러리Library는 개발에 필요한 도구를 미리 구현해놓은 것을 의미합니다. 프로그래밍을 하면서 필요한 곳에 언제든 라이브러리를 호출해서 사용할 수 있죠.

백엔드 개발자는 비즈니스 이해관계자와 협력하여 특정 요구사항을 이해하고 이를 기술 요구사항으로 변환합니다. 기술 설계를 위한 가장 효과적이고 효율적인 솔루션을 제시하는 직무로, 기업의 매우 핵심적인 인력이라고 할 수 있습니다.

프런트엔드 개발자

백엔드가 보이지 않는 코드를 구현한다면, 프런트엔드Front-end는 사용자와 직접적으로 상호작용하는 화면을 만듭니다. 애플리케이션의 메뉴, 사이드바, 슬라이더 등 화면에서 볼 수 있는 모든 것을 조합하는데, 쉽게 말하면 백엔드 개발자가 지은 집의 인테리어를 담당하는 역할이죠. 프런트엔드 개발자는 HTML, CSS 및 자바스크립트 등 프런트엔드 개발 언어를 다룰 수 있어야 하며, 사용자 경험에 기반한 아키텍처를 구축합니다. 또 부트스트랩Bootstrap, 앵귤러Angular, 리액트React 등의 프레임워크와 제이쿼리jQuery 등 라이브러리를 활용할 수 있어야 합니다.

프런트엔드 개발은 웹Web 개발과 앱App 개발로 나눠지며, 앱은 운영체제에 따라 안드로이드와 iOS로 나눌 수 있습니다. 프런트엔드 개발자의 기술 스택을 살펴볼까요?

HTML, CSS	웹페이지를 디자인하는 마크업 언어입니다.
자바스크립트(JavaScript)	프런트엔드와 백엔드를 연결하는 언어입니다.
자바(Java), 코틀린(Kotlin)	안드로이드 앱 개발에 사용하는 프런트엔드 개발 언어입니다.
스위프트(Swift)	iOS 앱 개발에 사용하는 프런트엔드 개발 언어입니다.
리액트(React)	안드로이드 또는 iOS 개발에 사용하는 프레임워크입니다.

데이터 엔지니어

데이터 엔지니어Data Engineer는 주로 조직의 데이터 시스템 구축과 유지 및 관리를 담당합니다. 데이터 수집 및 분석과 데이터를 활용한 인사이트 도출에 중점을 둔 업무를 수행합니다. 조직의 데이터 파이프라인Pipeline을 만들고 신뢰할 수 있는 데이터로 가공하기도 하죠.

파이썬, 스칼라Scala, 자바를 활용한 프로그래밍 경험이 있거나, SQL을 활용할 수 있고, 스파크Spark 등 관련 프레임워크에 능숙해야 합니다.

인프라 엔지니어

기업의 컴퓨팅 시스템이 효율적으로 작동하고, 서비스가 원활하게 진행되도록 IT 인프라를 설계, 구축, 배포 및 유지, 관리합니다. 물리적인 서버와 데이터 센터를 관리하고 원격으로 가상 머신이나 클라우드를 최적화하는 등의 업무를 담당합니다.

데브옵스 엔지니어

데브옵스DevOps란 개발을 의미하는 'Development'와 운영을 의미하는 'Operation'의 합성어로 코딩이나 인프라 관리, 시스템 관리 등 개발 및 운영에 대한 광범위한 지식을 요하는 전문가입니다. 주 업무는 소프트웨어를 빠르고 안정적으로 배포하는 것이죠. 사용자가 원활하게 서비스를 이용할 수 있도록 운영하는 역할을 수행합니다.

새로운 기술, 새로운 개발 환경은 빠르게 생겨나고 빠르게 변화합니다. 테크 리크루터는 기술 트렌드에 민감하게 반응하고 대응할 수 있어야 합니다. 또 개발자가 선호하는 기업 문화를 파악하고, 그들의 동기가 어디에서 오는지를 분석해야 합니다.

그렇다면 테크 리크루터는 개발을 배워야 할까요? 여러분이 만약 낚시를 잘하고 싶다면 물고기를 잡는 방법을 먼저 알아볼 것 같나요?

아니면 바닷속에 있는 물고기들의 특성을 먼저 공부할 건가요? 테크 리크루터가 개발자 채용을 잘하기 위해 코딩 공부를 먼저 시작하는 것은 후자에 해당합니다. 개발자들이 사용하는 개발 언어는 굉장히 많고 다양합니다. 어떤 언어인지 어떤 직무의 개발자가 사용하는 것인지 아는 것은 당연히 중요하지만, 이 언어를 어떻게 사용하는지에 대한 부분은 낚시를 하는 방법이 아닌 물고기의 특성을 먼저 공부하는 것과 같습니다. 테크 리크루터가 잊지 않아야 할 목표는 '좋은 개발자들을 영입하는 것'이고, 우리의 역할은 이 개발 언어를 잘 사용하고 프로그래밍 실력이 좋은 개발자들을 '채용'하는 것입니다.

그렇기 때문에 코딩보다는 코딩을 잘하는 개발자들을 채용할 수 있는 좋은 전략과 프로세스를 설계해야 하는 것이 제일 중요합니다. 우리는 설계해둔 과정을 면밀하게 검토해줄 현업 서류 검토자, 개발자들의 프로그래밍 실력을 철저하게 검증해줄 면접관을 잘 섭외하는 일이 필요한 것이죠.

코딩을 배우려면 굉장한 시간과 노력이 투입되어야 하고, 채용 업무는 한정된 시간 안에 빠르게 결과를 봐야 하는 일입니다. 테크 리크루터는 전문적인 현업 개발자들과 협업하여 채용을 더 잘할 수 있는 방법을 고민하는 것이 분명 더 나은 선택이라고 생각합니다. 코딩 공부보다는 어떤 개발자들이 시장에 나와 있는지, 각 개발 포지션은 어떠한 일을 하는지, 해당 분야에서 개발자들을 어떤 언어와 스택을 사용하는지, 요즘 개발자들이 가장 관심 있어 하는 기술이나 스택은 무엇인지 공부하는 것이 중요하다는 점을 잊지 마세요!

개 발 자 이 해 하 기

개발자들은 어떤 기업 문화를 선호하나요?

모든 직무에 있는 사람들이 그렇지만, 개발자들은 자유도가 높은 수평적 조직에서 더 좋은 결과를 낸다고 알려져 있습니다. IT 기업에서 시작된 수평적 조직 문화는 이제 널리 퍼져 일반 기업에도 적용되었죠. 기업은 개발 인재를 채용하기 위해 그들이 원하는 기업 문화를 구축하고 이를 홍보 수단으로 적극 활용하고 있습니다. 수평적 조직 문화를 실천하는 개발 관련 플랫폼 기업인 깃랩 GitLab의 사례를 살펴볼까요?

개발자가 개발하는 프로젝트의 버전 관리를 위해 사용하는 플랫폼인 깃랩은 직원들에게 작업 방식에 있어 많은 자유를 주는 것으로 유명합니다. 전 세계 65개국 이상에 1,500명 이상의 팀원이 있는 세계 최대의 원격 근무 기업으로 유명하며, 사내의 '원격 선언문The Remote Manifesto'을 통하여 원격 근무에 대한 공개적인 지침을 설계해두었습니다. 그중 일부를 보자면 깃랩의 직원들은 전 세계 어디서든지 자유롭게 근무할 수 있으며, 근무 시간 또한 유연하게 사용할 수 있게 합니다. 직원들이 일과 중 개인적인 관심사를 위한 시간을 계획할 수 있도록 충분한 시간을 주고 있죠. 이 밖에 사내 모든 정보를 공개하고 공유하는 것을 원칙으로 하여 누구나 회사의 정보에 알기 쉽게 접근할 수 있도록 하며, 직원 개개인 모두 회사에서 진행하는 의사결정에 영향력을 행사할 수 있도록 권한을 부여하며 직원들의 책임감을 고취합니다.

성장할 수 있는 환경 또한 개발자들이 선호하는 기업 문화로 유명합니다. 그중 하나는 바로 '코드 리뷰Code Review'인데, 코드 리뷰란 작성한 코드를 동료 개발자들과 함께 검토하는 프로세스를 말합니다. 각자의 코드를 함께 검토하며 버그 혹은 논리적인 문제, 발견되지 않은 예외 사례를 찾아내는 목적으로 활용됩니다. 그 결과 새로운 기술과 솔루션을 배울 수 있고, 기술과 아이디어를 직접 공유하는 데 도움을 줍니다. 구성원이면 누구든 가감 없이 피드백을 제공할 수 있는 수평적인 코드 리뷰 문화가 있다면 구성원 개개인의 성장은 더욱더 효율적이고 빠르게 진행될 것입니다. 또한 팀 구성원이 하나의 제품을 만들기 위해 함께 코드 리뷰를 하며 일할 때 해당 프로젝트와 회사에 대한 소속감을 더 증대시킬 수 있는 장점도 있습니다. 이러한 새로운 기술 습득 및 개인의 성장, 협업 증대에 대한 이점 이외에 기술적으로 주는 코드 리뷰의 이점은 버그나 실수에 대한 조기 발견 기회를 제공하고, 개발 조직에서 추구하는 표준 코딩 스타일이나 기준을 준수할 수 있게 도와줍니다.

물론 자유도가 높고 수평적인 조직 문화와 코드 리뷰와 같은 효율적인 개발 문화를 구축하기 위한 전제는 이를 함께 실행하기 위한 좋은 동료입니다. 좋은 동료 개발자로부터 자극을 받고 새로운 것들을 함께 공유하고 배우며, 함께 진행하는 프로젝트를 더 효율적이고 나은 방법으로 고민할 수 있게 해주기 때문에 이러한 좋은 동료들이 있는 것 자체가 개발자들이 원하는 업무 환경인 동시에 입사하고 싶은 회사가 되기도 합니다. 그래서 좋은 개발자를 채용하는 채용 담당자의 역할이 매우 중요하기도 하고요.

개발자와 최소한의 커뮤니케이션을 위한 준비
| 기본적인 개발 용어와 언어 숙지하기

개발 언어인 자바Java와 자바스크립트JavaScript는 어떠한 차이점이 있을까요? 이 두 언어는 어떤 개발자들이 사용하는 언어일까요? 더 효과적으로 개발자와 커뮤니케이션하고 개발자 소싱을 하기 위해서는 개발자의 이력서에 자주 나타나는 용어를 잘 숙지해야 합니다. 특정 프로그래밍 언어는 어느 직무의 개발자가 주로 사용하는 언어인지 기본적으로 알고 있어야 하죠. 더불어 개발자 채용 시장에 대한 트렌드를 리크루터가 현업에 어드바이저Advisor 역할로 함께 공유해주고 전해보세요. 맡은 일이 많거나 진행하는 프로젝트로 바쁜 개발자들 중에는 외부 개발자 채용 시장이 어떠한 트렌드를 가지고 있는지 잘 알지 못하는 경우도 있습니다. 기술 지식에 대한 전문가가 될 필요

는 없지만, 해당 분야에 대한 최소한의 지식만 있으면 후보자 및 현업으로부터 더 많은 신뢰감을 형성하고 효율적인 커뮤니케이션을 하며, 더 나은 개발자 채용 전략을 도출해낼 수 있습니다.

프로덕트가 만들어지는 과정 이해하기

모바일 앱 같은 서비스(프로덕트)가 만들어지는 개발 프로세스를 알면 기획에 참여하는 기획자, 프로덕트 오너Product Owner뿐만 아니라 UX 디자이너부터 프런트엔드/백엔드 개발자까지 개발 관련 직무를 명확하게 이해할 수 있습니다.

개발자의 페르소나 이해하기

프로그래머 커뮤니티인 스택 오버플로Stack Overflow에서 조사한 설문조사에 따르면, 개발자의 90%는 정규 교육 이외의 새로운 언어나 기술을 스스로 독학하여 배웠다고 답했으며, 90%의 개발자가 깃(Git, 컴퓨터 파일의 변경 사항을 추적하고 여러 사용자 간에 개발 작업을 조율하기 위한 버전 관리 시스템)을 통해 본인이 작성한 코드를 확인한다고 했습니다. 더불어 개발자의 잦은 이직은 일반적인 현상이며, 개발자의 약 절반이 평균 2년 이내 새 직장으로 이직했다고 합니다. 이처럼 최고의 기술 인재를 직접 찾고 채용하려면 우선 개발자가 어떤 사람인지 이해해야 합니다. 개발자와 충분한 대화를 하고 그들이 자주 찾는 사이트, 자주 보는 글 등을 탐구하며 개발자들의 특성이나 그들이 좋아하고 관심 있는 것을 살펴보세요. 좋은 개발자를 채용하는 데에 이러한 개발자 페르소나는 분명 도움이 될 것입니다.

| 협업 및 커뮤니케이션 과정에서 불필요한 리소스 줄이기

누구나 그렇겠지만 특히나 개발자들은 불필요한 리소스를 줄이고 효율적으로 업무하는 것을 매우 중요하게 생각합니다. 한정된 리소스를 가지고 정해진 기한 내에 오류나 이슈 없는 기술 제품을 개발해야 하기 때문이죠. 개발자들이 설계하는 개발 구조와 작성하는 코드 또한 효율성을 중점에 두고 진행됩니다. 개발자들을 설득하기 위한 채용 프로세스나 커뮤니케이션 방식 또한 효율적인 방식으로 설계해야 합니다. 채용 프로세스 자체에 그 어떤 불편함이나 이질감이 없도록 말이죠. 비효율적인 채용 프로세스나 방식으로 개발자들과 커뮤니케이션을 하는 것은 신뢰를 얻기 어려울 수 있습니다.

| 설득 및 논의를 위한 체계적인 데이터 준비하기

채용 데이터의 중요성은 자주 언급해도 지나치지 않습니다. 개발자들과 채용과 관련한 여러 가지 논의나 의사결정을 해야 하는 상황에서 더 효율적으로 커뮤니케이션을 하려면 논리적인 채용 데이터나 근거를 통하여 커뮤니케이션하는 것이 좋습니다. 어떠한 개발 포지션이 최근 몇 주간 가장 유입이 저조한지, 해당 포지션은 어느 채용 채널에서 모집 중인지, 그렇다면 그 채널이 돈을 주고 쓸 만큼 정말 효율적인지 등, 빠른 의사결정을 해야 하는 상황에서 채용 담당자의 '감'으로만 논의하면 매우 위험하거나 개발자들을 설득하기 어려울 수 있습니다. 데이터와 관련한 자세한 내용은 이 책의 10장에서 알아보겠습니다.

네트워크 쌓기

기술 분야 네트워크를 확장하기 위한 모든 조언이나 피드백을 받아 적용해보세요. 시장에서 잘하는 개발자가 누구인지 후보자에게 물어보며 추천을 받을 수도 있고, 개발자 관련 컨퍼런스나 이벤트 등에 참석하여 좋은 개발자 연사를 알게 될 수도 있습니다. 꼭 오프라인 네트워크 활동이 아니어도 온라인 소셜 미디어 및 네트워킹을 통해서도 더욱 다양하고 많은 개발자와 연결될 수 있는 활동이 많습니다. 온라인 개발자 커뮤니티에 가입해보거나, 웨비나Webinar(온라인으로 진행하는 세미나) 등 개발자가 모인 온라인 활동 공간을 조사해보고 직접 참여해보기를 추천합니다. 개발자 네트워크가 넓다는 것은 개발자 채용에 있어서 매우 좋은 무기이니, 다양한 직군의 개발자들과 네트워크를 쌓고, 이를 추후 잠재 후보자 풀로 고려해보세요.

테 크 직 군 채 용 프 로 세 스

개발자 채용 프로세스 사례

| 마이크로소프트

마이크로소프트Microsoft는 채용 프로세스의 초기 단계에 후보자와 짧은 면접을 진행하며 샘플 문제를 전달합니다. 이는 후보자의 코딩 역량을 사전에 평가하기 위함이 아니라, 이후 있을 코딩 테스트나 기술 면접을 준비하는 단계입니다. 후보자가 제 역량을 충분히 발휘할 수 있도록, 리크루터가 후보자에게 간단한 팁을 주거나 긴장을 완화하는 데 목적이 있죠.

이후 본 면접은 면접관이 일하는 사무실에서 진행됩니다. 후보자는 면접 과정에서 자연스럽게 마이크로소프트의 팀 문화를 간접적으로 경험할 수 있죠. 각기 다른 개발팀과 4~5번 정도 면접을 거치며, 본 면접에는 현업의 하이어링 매니저와의 면접이 포함되어 있습니다. 마이크로소프트는 모든 후보자에게 마이크로소프트에서 일하고 싶은 이유를 묻습니다. 후보자가 해당 분야에 열정을 가지고 있는지 검증하기 위함입니다.

| 아마존

아마존Amazon은 본 면접을 진행하기 전에 사전 전화 면접Phone Screening을 거칩니다. 전화 면접은 보통 현업 개발자가 진행하며, 후보자에게 실시간으로 볼 수 있는 공유 문서 창에 간단한 코드를 작성할 것을 요구합니다. 더불어 후보자에게 자신 있는 기술에 대해 질문하고 기술 스택을 파악합니다.

전화 면접 후 본 면접은 4~5번의 기술 면접으로 구성됩니다. 후보자는 화이트보드 라이브 코딩 인터뷰를 수행하고, 코딩 이외 다른 역량을 검증하는 질문에 답합니다.

아마존에는 '바 레이저Bar Raiser'라는 특이한 면접관이 있습니다. '기준을 높이는 사람'이라는 뜻의 바 레이저는 면접 난이도 조정을 담당하는 면접관인데, 채용하려는 포지션과 연관된 현업 담당자나 면접관이 아닌 제삼자가 객관적인 시각에서 채용 프로세스를 평가하는 것이 그들의 역할입니다. 아마존의 16가지 리더십 원칙에 대해 교육받은 숙련된 바 레이저를 통해 아마존의 채용 프로세스는 객관성을 확보할 수 있고, 전문적인 조언을 받을 수도 있습니다.

구글

구글Google은 그들만의 독자적인 채용 프로세스를 운영합니다. 서류 전형 후에는 전화 인터뷰를 진행하는데, 구글의 현업 개발자가 직접 인터뷰를 진행하며 공유 문서를 활용해서 라이브 코딩 테스트를 요구하기도 합니다. 특이한 것은 '런치 인터뷰Lunch Interview'입니다. 말 그대로 후보자와 점심 식사를 함께 하는 것인데, 후보자의 역량을 검증하거나 평가하지 않고 가벼운 잡담이나 솔직한 피드백을 주고받는 자리입니다.

또 여러 차례의 면접 과정에서 각 면접관의 의견은 다른 면접관에게 공유되지 않습니다. 즉, 각 인터뷰의 평가 결과는 비밀로 유지됩니다. 각각의 면접은 구조화되지 않고 면접관의 재량에 따라 자유롭게 진행됩니다.

| 애플

애플Apple 역시 본 인터뷰를 진행하기 전에 채용 담당자와 전화 인터뷰를 수행하며, 후보자가 어떠한 기술을 가지고 있는지를 파악합니다. 현업 개발 조직이 평가하는 기술 면접 역시 전화로 진행되죠. 전화 인터뷰 후에 대면 인터뷰는 후보자가 실제로 배치될 현업 개발팀의 팀원 여러 명이 직접 진행합니다. 화이트보드 라이브 코딩 테스트를 포함하여 6~8번의 대면 인터뷰를 수행하며, 여기에는 팀의 리더와 함께하는 런치 인터뷰가 포함됩니다.

개발자 면접에서 주로 사용되는 방식

회사마다 다르겠지만 많은 회사에서 개발자 면접에서 중요하게 보는 포인트들이 있습니다. 가장 중요한 것은 '프로그래밍'이라는 전문 영역을 가지고 어떻게 문제 해결을 하는지, 이를 통한 분석 능력이 있는지입니다. 또, 개발자로서의 기술적 지식과 이러한 지식의 바탕이 되는 컴퓨터 과학Computer Science에 대한 기본 이해가 있는지도 중요하게 보는 요소입니다. 물론 요즘은 컴퓨터 공학이나 관련 전공자가 아닌 비전공자도 개발직군에 근무하는 분이 점차 증가하고 있습니다. 따라서 컴퓨터 공학 지식에 대한 검증에 크게 비중을 두지 않고, 코딩 역량이나 문제 해결 능력 검증에 더 집중하는 추세이기도 합니다. 물론 컴퓨터 공학 전공 졸업생인 신입을 타깃으로 채용할 경우는, 다른 역량보다는 기본기에 대한 검증이 중요하긴 하겠지만요.

이 밖에 개발자로서의 경험(기술적 결정에 대한 경험이 있는지, 도전적인 프로젝트를 해본 적이 있는지 등)뿐만 아니라 개발자로서 다른 팀(기획자, 디자이너)과 협업하며 진행해야 하는 경우도 많기 때문에 의사소통 능력 또한 함께 검증하는 회사들도 많아지고 있습니다.

물론 위와 같은 포인트 중에 어디에 더 비중을 두는지는 회사, 팀, 직무, 면접관마다 다를 것입니다. 우리 회사는 어떠한 개발자를 원하는지에 대한 페르소나를 정립하여 어떤 부분에 중점을 두고 검증하고 채용할지를 고민해보아야 합니다.

개발자 기술 역량 검증을 위해 자주 사용되는 방식을 소개합니다.

코딩 테스트

코딩 테스트는 주어진 문제의 답을 코드로 작성하거나 주어진 코드의 오류 등을 수정하여 문제를 해결하는 개발자의 능력을 평가하는 과정입니다. 코딩 테스트 단계는 대부분 정식 인터뷰 전에 진행되는 경우가 많으며, 이력서에서 검증할 수 없는 코딩 능력에 대한 평가를 검증하는 목적으로 사용됩니다. 최소한의 기술적 역량을 가진 개발자를 선별하기 위한 필수적인 과정이라고 할 수 있습니다. 코딩 테스트는 각 포지션에서 검증하고자 하는 기술 역량에 대한 테스트 문제를 이메일 혹은 시스템을 통하여 발송하여, 지정한 시간 동안 코드를 작성하여 제출하는 방식으로 진행됩니다. 보통 특정 프로그래밍 언어만 사용할 수 있도록 요구하거나, 개발자가 선호하는 언어로 자유롭게 작성하게 합니다.

테크 리크루터가 모든 코딩 테스트 문제를 구축하고 테스트 결과를 검토하기는 어려울 수 있지만, 개발자가 선호하는 코딩 테스트 프로세스를 구축하는 것은 충분히 가능합니다. 이 코딩 테스트 단계는 대부분 후보자가 가장 처음 접하는 회사의 채용 프로세스이므로, 해당 단계에서 후보자에게 좋은 인상을 주는 것 또한 필요하죠.

후보자 친화적인 코딩 테스트를 설계하기 위해서는 테스트 문제가 너무 복잡하거나 길면 안 됩니다. 문제를 다 푸는 데까지 2~3시간 넘게 걸리는 테스트는 좋은 개발자를 채용하기에는 너무 큰 방해 요소가 되기 때문이에요. 보통 실력 있는 개발자들은 분명 다양한 회사에서 좋은 채용 제안을 받을 텐데요. 채용의 첫 관문부터 너무 복잡하고 오래 걸리는 테스트를 마주한다면, 해당 회사에 절실하게 입사하고 싶은 개발자가 아니고서야 아마 테스트를 진행하고 싶지 않을 것입니다. 테스트는 후보자 경험에도 크게 영향을 미치기 때문에, 간결하고 단순한 문제를 제시하되, 필요한 경우 후보자가 테스트 진행하면서 참고할 수 있는 약간의 코딩 테스트 가이드를 첨부해주면 좋습니다.

더불어 문제 유형이나 내용 자체가 채용하려는 포지션과 연관이 있어야 합니다. 채용하려는 포지션의 기술 스택이나 문제 해결 방식이 연관이 없어 보인다면 후보자는 테스트 시작부터 맞는 포지션에 지원한 것인지, 입사하면 이 직무는 본인이 알던 업무 범위와 다른 업무를 하는 것인지 등이 헷갈려 적잖이 당황하게 되고 코딩 테스트에 집중하기 어려워집니다. 테스트가 마무리된 이후 부정적인 피드백 또한 당연히 예상되는 부분이고요.

후보자들도 코딩 테스트에 많은 시간과 리소스를 내는 만큼, 코딩 테스트를 통해 후보자도 무언가를 배워가고 일깨워갈 수 있도록 피드백을 서로 주고받으며 좋은 경험을 할 수 있는 과정이 필요합니다. 후보자가 코딩 테스트에서 부족했던 점이나 잘 진행했던 부분을 스스로 파악하고 배워갈 수 있는 하나의 경험으로 설계해보세요.

| 라이브 코딩 인터뷰

라이브 코딩 인터뷰는 후보자가 화이트보드나 종이에 직접 손으로 코드를 작성하거나 코드 편집기 또는 공유 문서 편집기 같은 툴을 사용해 정해진 시간 안에 실시간으로 프로그래밍 문제를 해결하는 인터뷰입니다. 라이브 코딩은 후보자가 문제를 해결하는 방법, 창의력,

의사소통 방법에 대해 검증할 수 있습니다. 면접관은 후보자의 문제 해결 능력과 코드를 평가하고 후보자의 채용 프로세스 진행 여부를 결정하게 됩니다.

라이브 코딩 인터뷰의 이점은 면접관이 실시간으로 후보자가 작업하는 방식을 볼 수 있다는 것입니다. 화이트보드로 코딩 테스트를 한다면 후보자가 면접관 앞에서 손으로 코드를 작성하며 주어진 문제를 해결하는 과정을 보여주게 됩니다. 면접관이 일방적으로 후보자에게 문제만 제시하고 답을 기다리는 라이브 코딩은 올바른 인터뷰 방식이 아닙니다. 훌륭한 라이브 코딩 인터뷰는 후보자와 면접관이 서로 협력하며 진행해야 합니다. 면접관이 후보자와 협력하여 시뮬레이션된 코딩 환경에서 문제 풀이를 진행하며, 면접관은 어떻게 하면 후보자가 다른 방식으로 생각하고 해결해볼 수 있을지를 제안하고 피드백하며 최적의 결과를 함께 찾아내는 과정으로 설계해야 하죠. 다만 테스트를 불필요하게 어렵게 만들거나 후보자가 문제를 이해하기까지 오래 걸리는 모호한 질문은 피하는 것이 좋습니다.

실제로 개발자들은 기술 면접이나 코딩 테스트 등 검증 과정이 효율적으로 실행되는 한 기꺼이 해당 프로세스에 참여합니다. 개발자들이 가장 좋아하지 않는 것은 의미 없는 화이트보드 코딩 면접이나 비효율적인 구식 방법으로 기술을 평가하는 테스트입니다.

개발자 채용 목적으로 진행되는 코딩 테스트나 면접은 표준화되고 객관적이어야 되며 수행하는 직무와 연관된 문제로 너무 길지 않고 쉽게 이해할 수 있어야 합니다. 더불어 테스트나 면접 결과가 단순 합격, 불합격의 결과가 아닌 구체적인 점수로 객관적인 평가를 보여줄 수 있게 설계해야 합니다. 테스트 전에 후보자에게 어떤 형식의 라이브 코딩 문제인지, 어떤 언어를 사용할 수 있는지, 어떠한 기술을 평가할 것인지에 대해 미리 알려주고 가능하다면 후보자가 선호하는 언어와 프레임워크로 진행할 수 있도록 세팅하면 좋을 것입니다. 이러한 개발 역량 검증 프로세스는 특정 기술에 대한 역량만 다룬다는 점을 유의해야 합니다. 나머지의 인터뷰 과정을 통해 전체적으로 지원자의 경험과 역량을 평가하는 과정을 별도로 잘 설계할 수 있어야 합니다.

테크 채용 관련 이벤트

리크루터는 기술 관련 행사나 이벤트에도 관심을 가져야 합니다. 우리가 찾는 개발자가 한 번에 모이는 거의 유일한 기회이기 때문입니다. 더불어 기술 관련 행사와 이벤트 등 외부에서 주최하는 행사에 참여하는 개발자라면 분명 다른 회사의 개발 환경이나 구조, 더 나아가 채용 포지션의 기회를 열어두고 있을 가능성이 높습니다. 테크 이벤트는 적합한 후보자를 찾을 수 있는 확실한 통로이며, 기업의 개발 문화 홍보를 위한 채용 브랜딩의 기회이기도 합니다. 개발자 채용을 담당하는 리크루터라면 여러 개발 관련 행사를 발굴하고 네트워크를 확장할 수 있어야 합니다. 그럼 몇 가지 대표적인 테크 이벤트를 살펴보겠습니다.

| 해커톤

해커톤Hackathon은 해킹Hacking과 마라톤Marathon의 합성어로, 개발자나 엔지니어 등의 전문가들이 한자리에 모여 협업하며 정해진 시간까지 해당 문제를 해결하고 결과물을 만들어내는 일종의 개발자 경진대회입니다. 대부분의 해커톤 행사는 컴퓨터 프로그래밍이나 IT를 중심으로 진행되곤 했지만 HR 해커톤, 경제 해커톤 등 다른 산업들에도 점차 적용되고 있습니다.

오프라인 해커톤의 경우 일반적으로 하루나 이틀 동안 진행되며, 제한된 시간 내에 문제를 해결하는 과제를 수행합니다. 보통 오후에 시작하여 다음 날 아침까지 진행되고, 개발자들이 쪽잠을 청하며 밤새 프로젝트에 참여하죠. 이러한 외부 오프라인 해커톤은 리크루터에겐 개발 시장의 현황을 파악하고 채용의 목적을 달성할 수 있는 절호의 기회입니다. 외부 해커톤에 참여하는 개발자는 자신의 능력과 전문성을 여과 없이 보여주기 때문이죠.

외부 해커톤의 경우 내부보다 채용의 목적을 더 달성할 수 있는 기회가 많습니다. 외부 해커톤에 참여하는 개발자는 자신의 능력과 전문성을 보여줄 수 있는 기회일 뿐만 아니라, 기업 입장에서는 고객과 후보자를 동시에 알 수 있는 좋은 기회가 되기도 합니다. 구글 개발자 그룹Google Developers Group, GDG은 매년 개발자 생태계를 위한 안드로이드 앱 개발 챌린지를 개최합니다. 구글에서 외부 해커톤을 개최하자, 다양한 개발자가 모여들었고 구글은 자연스럽게 이를 인재 채용의 기회로 활용했죠.

해커톤의 가장 큰 장점은 해커톤을 통해 개발 역량뿐만 아니라 창의성, 의사소통 능력, 리더십, 문제 해결 능력과 같은 숨겨진 역량을 증명할 수 있는 기회를 제공하는 것입니다. 해커톤은 보통 개발자 외에도 후원자, 파트너 및 채용 담당자가 모두 참석하며, 해커톤에 참가하는 개발자는 개발 결과물에 대한 프레젠테이션을 하고, 후원자와 상호작용을 하며, 채용 담당자와도 소통하는 등의 다양한 작업을 수행합니다. 외부 해커톤에는 상당한 자원이 투입됨에도 불구하고, 대내외적으로 상당한 가치를 제공합니다. 개발 관점에서 기업은 혁신적인 아이디어와 창의적 솔루션에 접근할 수 있고, 채용의 관점에서 개최 측 기업은 기업의 채용 프로세스와 포지션을 홍보할 수 있습니다. 또 채용 전략의 일부로 활용할 수도 있습니다.

개발 컨퍼런스

해커톤 외에도 다양한 테크 컨퍼런스나 개발자 채용 설명회, 개발 커뮤니티 등 개발자가 모이는 곳에 관심을 가지고 참여하면 개발 생태계에 대한 이해를 높이는 동시에 좋은 개발자 네트워크를 쌓을 수 있습니다. 많은 기업이 보유한 기술 자산이나 개발 경험 등을 외부로 전파하고, 기업의 개발 문화를 공유하는 컨퍼런스를 개최합니다. 국내에는 카카오의 if(Kakao), 네이버의 Deview, 라인의 Line Developer Day, 우아한형제들의 우아한테크콘서트 등이 대표적이죠. 국외 커뮤니티로는 구글의 GDG와 애플의 WWDC 컨퍼런스가 있습니다. 또 프런트엔드 분야의 FECONF와 국내 파이썬 커뮤니티인 Pycon Korea, AWS 클라우드 분야의 AWS Community Day 등 역시 개발자들이 경험을 공유하고 성장을 도모하는 현장입니다. 오프라인과 온라인 이벤트를 모두 적극적으로 활용해서 다양한 직무의 개발자와 소통하는 루트를 마련해보세요.

PART 3

요즘 리크루터의 채용 전략

7

효과적인 채용 채널 찾기

주니어 채용 담당자와 이야기하다 보면 "어떤 채용 채널을 사용하세요?", "어떤 채널이 비용 대비 효과적인가요?", "어떤 채널의 인재 풀이 좋은가요?" 등 채용 채널에 대한 질문을 많이 받습니다. 채용 채널이란 지원자가 채용 공고를 확인하고 지원할 수 있는 경로를 일컫습니다. 대표적인 예가 사람인이나 잡코리아 같은 플랫폼이죠. 공개적인 플랫폼만이 아니라 사내 추천이나 서치펌을 통한 경로도 있습니다.

보편적으로 효과가 높은 채널을 찾는다면 분명 답은 있겠지만, 그 답보다는 채널의 특성을 먼저 파악해보고 포지션별로 채널을 다르게 설정하고 있는지를 먼저 돌아보면 좋겠습니다. 요즘은 다양한 채널로 채용 홍보를 진행하고 있는데요. 우선 채널에서 도달하는 사용자의 특성에 따라 나눠보았습니다. 크게 매스 채널Mass Channel과 타깃 채널Target Channel로 구분해보면 아래 그림과 같습니다.

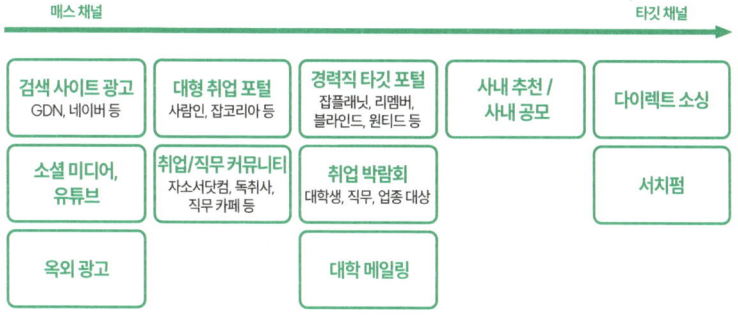

채용 채널의 종류

앞의 그림에서 각 채널은 왼쪽에 있을수록 매스 채널, 오른쪽에 있을수록 타깃 채널에 가깝습니다. 매스 채널은 채널의 유동 및 사용량에 집중하여 불특정 다수에게 공고를 노출할 수 있는 채널이며, 타깃 채널은 채용하고자 하는 포지션에 초점을 맞춘 채널입니다. 매스 채널과 타깃 채널을 각각 어떤 상황에서 사용해야 할까요?

매스 채널	타깃 채널
• 지원자 모수 자체가 적어서 기업이 채용을 진행하고 있다는 것을 알리는 것이 중요한 경우	• 적합성이 높은 유효 지원자를 확보하는 것이 중요한 경우
• 장기적인 채용 브랜딩을 위해 기업의 이미지 각인이 필요한 경우	• 짧은 기간 내에 빠르게 채용 프로세스를 진행해야 하는 경우
• 기업이 채용에 많은 예산을 투여하고 채용의 규모가 크다는 것을 알리는 데 목적이 있는 경우	• 후보자의 이탈 가능성이나 처우 협의 과정에서 불확실성을 낮추고 싶은 경우

매스 채널은 불특정 다수에게 기업과 기업의 채용 브랜딩을 노출시킬 수 있지만, 실제 채용을 목표로 한다면 기대와 벗어날 확률이 높다는 단점이 있습니다. 이에 반해 타깃 채널은 모수 자체는 매스 채널보다 훨씬 적지만 유효한 후보자를 타기팅할 수 있다는 장점이 있죠. 이 밖에도 다양한 채용 채널이 존재하지만, 보편적으로 사용하는 채널을 중심으로 자세히 알아보겠습니다.

직무에 적합한 채용 채널 선택하기

채용 채널을 선택하면서 '구인, 구직 사이트를 말하는 취업 포털의 이용자나 가입자 수가 많으면 좋은 거 아니야?'라고 생각했다면, 유효 지원자를 확보하는 데 답답함을 느낄 가능성이 높습니다. 채용 채널의 규모가 클수록 채용 공고도 많고 여러 직무가 흩어져 있어 오히려 우리의 채용 공고가 눈에 띄지 않아 쉽게 묻힐 수 있습니다. 기업의 채용 예산이 무한하다면야 모든 채널을 이용하는 것이 가장 좋겠지만 한정된 예산 안에서 취업 포털을 선택해야 한다면, 아래 다섯 가지 요소를 고려하여 공고를 오픈하기를 추천합니다.

- **채용하는 직무의 근로 형태**   정규직 / 기간제 / 일용직
- **채용하는 직무의 경력**   신입 / 경력
- **채용하는 직무 카테고리**   경영 / 디자인 / 마케팅 / 개발 등
- **기업의 형태**   대기업, 중견기업, 중소기업 / 스타트업 / 외국계 등
- **비용 지불의 형태**   공고 게시 비용, 채용 성사 비용 등

채널에 대한 상세한 비교는 어렵지만, 채널 간의 모집력의 차이는 분명히 존재합니다. 단순히 고용 형태만 보더라도 정규직 또는 기간제 취업이 목적인 지원자는 원티드, 사람인, 잡코리아 등을 먼저 접속할

테고, 단기 기간제나 일용직 취업이 목적인 지원자는 알바몬, 알바천국 등의 채널을 이용할 것입니다. 다만 요즘에는 직무와 경력에 맞는 일자리를 찾고 싶어 하는 후보자가 더 많아진 상황이기 때문에 어떻게 타깃을 좁혀가는 것이 효과적일지 고민이 필요합니다.

또한 채용 채널을 사용할 때는 그 효과가 어땠는지를 살펴보는 것이 중요합니다. 아래 표는 임의로 구성한 데이터인데요.

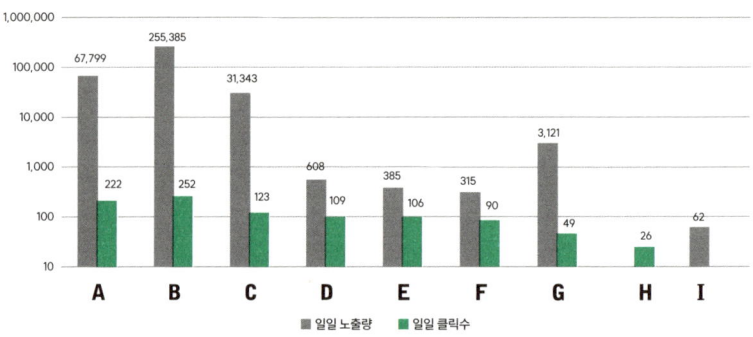

구분	A	B	C	D	E	F	G	H	I
합계	1,898,374	9,193,876	877,598	4,258	14,624	11,978	118,579	-	2,365
집행일	28	36	28	7	38	38	38	38	38
일일 노출량	67,799	255,385	31,343	608	385	315	3,121	-	62
클릭수	6,221	9,080	3,437	766	4,046	3,434	1,848	993	72
일일 클릭수	222	252	123	109	106	90	49	26	2

같은 기간의 채용 채널별 노출 및 클릭 수 예시

이런 식으로 채용 채널별에 따라 실제 노출량과 클릭 수를 고려하여 지원할 마음을 가진 후보자가 어떤 채널에 모여 있는지를 파악하고 한정된 자원을 효율적으로 쓸 수 있는 근거를 마련해둔다면, 이후 채용 채널을 선택할 때에도 도움이 되고 경영진의 의사결정을 받는 데도 주요 근거 자료로 활용할 수 있습니다.

또한 후보자의 관심을 받는 채널과는 별개로 실제 채용까지 이어진 채널이 어디인지도 파악하는 것이 중요합니다. 채용은 효율성뿐만 아니라 채용까지 이어지는 결과가 중요하기 때문이죠. 실제 유효 지원자 확보율 등 유입 경로와 전형 단계를 분석하여 채용 채널을 선택하는 데 활용하는 것도 중요합니다.

그럼 다양한 채널 사용 경험을 토대로 각 채널의 특징에 대해 좀 더 자세히 알려드리겠습니다.

검색 사이트 광고

요즘에는 네이버와 같은 대형 포털 사이트의 배너, [1] 구글 GDN 광고에서도 채용 소식을 접할 수 있을 텐데요. 그만큼 채용 홍보의 영역이 넓어졌다고 느끼고 있습니다. '일 사용자가 많은 플랫폼으로 채용 홍보를 진행하면 과연 유의미한 채용 성과를 달성할 수 있을까?'라고 고민할 수도 있지만, 즉각적으로 채용까지 이어지지 않더라도 가능한 한 많은 사람에게 노출하여 기업을 인식시키고, 언제라도 채용 사이트에 접속할 수 있게끔 하는 것을 목표로 한다면 효과적인 채널이 될 수 있습니다. 특히 구글 GDN 광고는 사용자의 행동 패턴에 따라 나이, 평

---

1 GDN(Google Display Network)은 구글이 직접 운영하는 사이트 및 매체(Gmail, Youtube, Play Store, Blogger 등)와 광고를 게재할 수 있는 제휴 사이트들을 포함하는 광고 노출 영역입니다.

소의 검색 관심사 등을 기반으로 노출되기 때문에 이 점을 고려하여 홍보를 시도해볼 수 있습니다.

| SNS/유튜브

포털과 마찬가지로 마찬가지로 매스Mass 홍보 수단으로 활용할 수 있고, 기업의 자체 채널을 운영한다면 채용 홍보뿐만 아니라 채용 브랜딩의 수단으로도 활용할 수 있습니다. 특히 요즘은 검색 엔진보다도 유튜브에서 검색하는 사람들이 많아지는 만큼 신입이나 저연차를 타깃으로 더욱 생생한 정보를 제공하기에 더 좋은 채널이라 생각합니다. 다만 공유 등 전파가 활발히 이루어지는 채널인 만큼 유관 부서와의 협업, 리스크 검토, 콘텐츠 제작 등 리소스가 많이 발생할 수 있는 점은 담당자가 미리 감안해야 합니다.

| 옥외 광고

개발자가 모여 있는 판교, 스타트업들이 다수 위치한 강남, 은행/증권 관련 직종이 모여 있는 여의도 등 타깃이 명확하게 있는 경우라면 옥외 광고도 효과적입니다. 직장인들의 출근 동선을 따라 버스나 지하철의 홍보물, 전광판 광고 등을 진행하는 기업이 점차 늘고 있는데요. 가능한 구좌(광고 위치에 들어가는 광고의 개수)가 한정적이다 보니 채용을 진행한다면 미리 구좌를 확보하는 것이 중요합니다. 옥외 광고는 도달량이나 실제 효과를 측정하기가 사실상 불가능하지만, 대부분의 채용 홍보가 온라인으로 이루어지는 만큼 오프라인 채널로의 확장을 계획한다면 진행해볼 수 있는 채널입니다.

| 취업 포털

일반적으로 가장 보편적인 채널입니다. 취업, 이직을 희망하는 후보자라면 취업 포털로 1회 이상 접속을 하기 때문에 다수의 채널 중 하나의 채널을 운영한다면 취업 포털이 가장 효과적이라 할 수 있습니다. 채널이 많이 생기는 만큼 채널마다 일일 사용자 수, 신입/경력 사용자 수에도 차이가 발생하는데요. 실제 공고를 집행해보면서 계속 비교해보고, 우리 회사에 관심이 있는 후보자들이 취업 포털 중에서도 어떤 포털을 통해 많이 유입되고 있는지 공고 조회 수, 지원자의 유입 경로 등을 살펴보며 파악하는 것이 중요합니다.

| 직무 커뮤니티

취업준비생이 모여 있는 네이버 카페 등 커뮤니티, 개발자/마케터/디자이너 등 직무별 네이버 카페, 페이스북 페이지, 커뮤니티 등이 많은데요. 업계에 대한 정보 공유가 활발히 이루어지는 채널인 만큼 장기적인 관계를 구축하며 채용 홍보를 진행해볼 수 있습니다. 이러한 채널은 채용 담당자보다 실제 직무를 수행하는 내부 구성원들이 더 잘 알고 있을 수 있어 현업과 소통하며 직무 커뮤니티를 리스트업해보기를 추천합니다.

| 경력직 타깃 포털

　기본적인 경력 프로필을 등록하는 형태로 운영되는 경력직 타깃 포털도 다수 생겨나고 있는데요. 리멤버, 원티드 등이 대표적이고 최근 잡플래닛에서도 비슷한 시도를 하고 있습니다. 이러한 채널은 실제 이직 의사가 있는 경력직들의 간단한 프로필을 참고하여 포지션을 제안하거나 스크리닝 과정을 효율화할 수 있다는 장점이 있습니다. 다만 채용 성사에 따른 수수료도 존재하니 한정된 채용 예산에서 우선순위에 따라 진행하는 것이 좋습니다.

| 취업 박람회/채용 이벤트

　오프라인 행사를 통해 후보자를 확보하는 방법으로는 취업 박람회나 채용 이벤트가 있습니다. 캠퍼스 리크루팅, 채용 설명회 등이 채용 이벤트에 해당하는데요. 오프라인 행사는 회사를 알리는 수단으로 적합하고, 생각하지 못했던 우수 인재를 영입할 수 있는 방법이기도 합니다. 행사를 진행하게 된다면 인재 풀을 확보하고 지속적인 관계를 구축하는 방안을 고민하여 유의미한 결과로 이어질 수 있도록 관리하는 것이 중요합니다. 행사를 성공적으로 진행한다면 채용 브랜딩, 마케팅 면에서 홍보 수단으로서도 오래 활용할 수 있기 때문에 채용의 규모가 크고, 행사를 진행할 여력이 충분하다면 담당자의 역량 강화 측면에서도 진행해보기를 추천합니다. 최근에는 메타버스를 통해서 온라인으로도 진행하는데요. 게더타운 등 메타버스 툴도 미리 접해보고, 환경에 적응해본다면 추후 행사를 계획하는 데 있어 많은 도움이 될 수 있습니다.

| 대학

대학의 취업지원센터, 타깃 학과와 교수님 연락처를 확보하고 있다면 적은 리소스로 신입 채용에 좋은 성과를 거둘 수 있습니다. 특히 타깃하고 있는 전공과 학과가 명확하다면, 내부 구성원을 활용하여 대학과 장기적인 협업 관계를 맺고 추천하는 채널을 구축하는 것도 도움이 됩니다. 시간이 소요되더라도 한번 만들어둔 리스트는 언제든 활용할 수 있기 때문에 든든한 자산이 됩니다.

서 치 펌 과   협 력 하 기

서치펌은 헤드헌팅 업무를 수행하는 회사를 말하는데, 헤드헌팅이란 기업에서 채용하고자 하는 인재 혹은 전문 기술을 가진 인재나 임원, 경영진 등을 외부에서 영입하는 업무를 말합니다. 채용 업무를 외부에서 대신 해주는 채용 에이전시Agency라고 볼 수 있으며, 보통 이러한 업무를 하는 사람들을 헤드헌터Headhunter라고 하고 이를 운영하는 회사를 서치펌 혹은 헤드헌팅펌이라고 합니다.

초기 스타트업을 포함해 경력직 채용에 어려움을 겪거나, 임원급의 채용을 비공개로 진행해야 하는 경우 등 서치펌과 협업할 일이 있는데요. 보편적이지 않고 전문적인 포지션일수록, 수동적인 지원자가 다수인 포지션일수록 매스 채널보다는 이러한 타깃 채널이 효과적입니다. 채용 담당자의 소싱 리소스에 한계가 있다면 당장의 비용은 커 보이지만 장기적으로 보았을 때는 서치펌을 이용하는 것이 효율적입니다.

서치펌을 통한 채용 프로세스

서치펌과 일하는 프로세스는 회사마다 다르겠지만, 다음과 같이 보편적인 프로세스를 살펴보면 업무를 이해하는 데 도움이 될 것 같습니다.

먼저 서치펌에 채용을 의뢰하는 단계에서 채용할 포지션에 대해 정보를 제공해야 합니다. 포지션의 JD(직무 기술서)와 조직 구성 현황을 포함하여 선호하는 연차나 경력 경로 등 JD에 기술되지 않은 후보자 요건을 적극적으로 전달합니다. 유효한 후보자를 정확하게 타기팅하기 위해서는 리스크가 없는 범위에서 모든 정보를 제공하는 것이 좋습니다.

서치펌은 제공한 정보를 기반으로 후보자를 추천합니다. 이때 리크루터는 후보자 추천 과정이 너무 오래 걸리지 않도록 시간을 관리해야 합니다. 서치펌의 헤드헌터는 여러 기업의 담당자와 접촉하여 이직 의사가 있는 후보자를 탐색합니다. 후보자의 이직 사유를 확인하는 과정에서 투자 철회, 인원 감축 등 다른 기업의 내부 이슈를 파악할 수도 있습니다. 서치펌과 협력하는 과정을 업계와 시장의 현황을 간접적으로 알 수 있는 기회로 활용하세요.

채용 부서와 현업 담당자는 추천받은 후보자의 퀄리티를 파악하기 위해 후보자들의 이력서를 검토합니다. 의뢰한 포지션에 적합한 인재를 추천하고 있는지, 적합하지 않다면 왜 그런지에 대해 파악하고 서치펌에 피드백하는 것이 중요합니다. 서치펌이 타깃을 온전히 이해하지 못한 것은 아닌지, 혹은 JD가 시장 상황을 반영하지 못하여 인재 풀이 없는지 등을 검토합니다.

인터뷰 단계에서도 피드백은 계속 해야 합니다. 특히 인터뷰에서 서치펌이 후보자를 어떻게 대하고 있는지를 간접적으로 파악할 수 있기 때문에 리크루터가 적극적으로 개입해야 하죠. 후보자가 기대하는 바와 회사의 실정이 일치하지 않거나, 후보자의 인터뷰 준비가 미흡하거나 채용 과정이 매끄럽지 않은 경우에 지체 없이 서치펌과 협력하여 상황을 개선해야 합니다. 이후 처우 협의는 기업이 직접 진행하지만, 서치펌을 통해 후보자의 이전 처우 수준이나 타사와 진행 중인 채용 현황은 없는지 등을 파악하면 협의에 우위를 점할 수 있습니다.

이러한 과정을 거쳐 후보자의 입사가 결정되었다면 서치펌에 수수료를 지급하게 됩니다. 수수료는 보통 최초 계약된 연봉 구간에 따라 결정되며, 수수료를 지급하면 프로세스는 종료됩니다. 서치펌은 기업으로부터 채용 성사 건에 대한 수수료를 받습니다. 보통 채용된 후보자의 연봉에 비례하여 산정되는데요. 예를 들어 기업에 채용된 후보자의 연봉이 6,000만 원이고, 기업이 서치펌에 20%의 수수료를 지급하는 것으로 계약했다면 지불해야 할 수수료는 1,200만 원인 셈입니다.

수수료는 보통 10%부터 많게는 30%까지 책정됩니다. 초반에는 낮은 수수료로 계약을 진행하고, 서치펌이 기업의 채용을 지속적으로 성사시키며 성과를 보여주면서 수수료를 점차 높여가는 경우도 있습니다. 이렇게 기업에서 서치펌에 지급된 수수료는 서치펌 내에서 해당 채용을 담당했던 헤드헌터에게 분배됩니다.

헤드헌팅은 채용이 성사되고 입사가 결정되어야 보상을 받을 수 있는 구조이기 때문에, 채용 성사에 초점을 맞추어 업무를 할 수밖에 없습니다. 그러다 보니 기업에 맞는 후보자를 신중하게 추천하기보다는 당장 채용을 성사하기 위해 서둘러 진행하는 경우도 많습니다. 서치펌과 좋은 협업 관계를 유지하기 위해서 이 채용이 현재 우리 회사에 얼마나 중요하고 또 앞으로 어떤 역할을 하게 될지, 어떠한 미션을 가지고 있는 포지션인지 얘기해보고 논의해보세요. 좋은 채용의 결과로서 보상을 받아야겠지만, 보상만이 채용의 목적이 되어서는 안 됩니다.

서치펌과 잘 협업하는 방법

　　　　　　　　서치펌과 잘 협업하는 방법에 대해 개인적인 경험을 기반으로 말해보고자 합니다.

　보통 기업에서는 서치펌에게 한정적인 정보, 즉 외부에 노출된 채용 공고 수준의 정보만 전달한 후 좋은 인재를 찾아주기를 요청합니다. 포지션에 대한 내부의 여러 정보를 다 전달하기 어려운 상황도 있을 뿐더러 기업 내부에 있는 직원만큼 외부의 헤드헌터가 회사 관련 상황이나 포지션에 대한 특색, 성격 등 후보자 설득에 꼭 필요한 정보들을 다 알 수도 없는 것이 현실이죠. 서치펌에게는 후보자 설득이나 좋은 후보자를 찾기 위해 필요한 재료들이 있다면 공개 가능한 범위에서 가능한 많은 정보를 전달해주어야 합니다.

　그리고 서치펌을 마케팅 채널로 활용하세요. 후보자가 처음 접하는 접점이면서 우리 회사를 어필하는 주체인 서치펌 담당자가 우리 회사의 홍보 대사라고 생각하고, 이들에게 후보자 경험을 위한 구체적인 가이드를 제시합니다. 후보자가 어떤 채널로 회사를 접하여도 동일한 경험을 받을 수 있어야 하기 때문에, 서치펌에게도 동일한 기준이 적용되어야 하죠. 이를 통해 헤드헌터도 우리 회사를 더 잘 이해하고, 더욱더 신중하게 후보자에게 접근할 수 있도록 합니다.

　후보자에 피드백은 가능한 자세히 제공하세요. 추천인의 채용 전형 결과뿐만 아니라 합격, 불합격의 사유를 자세히 알려주세요.

잘못된 예: 김○○ 님은 업무 적합성 측면에서 부족하여 인터뷰를 진행하지 않겠습니다.

좋은 예: 김○○ 님은 데이터 분석 툴 사용 능력과 인사이트 도출 경험이 긍정적이었으나, 기획 경험이 적고, 커뮤니케이션이 원활하지 않아 불합격했습니다. 이후에는 프로젝트 리딩 경험이 적어도 1회 이상 있고, 유관 부서와 협업이 많은 환경에서 일한 경력이 있는 분을 추천해주시면 좋겠습니다.

물론 모든 서치펌이 이 과정에 적극적으로 동참하는 것을 기대하기는 어렵습니다. 그중 한 곳이라도 협력 관계에 적극적으로 임한다면 앞으로 채용 과정에 든든한 협력자가 될 수 있겠죠. 서치펌의 장점은 인재 풀 확보에 드는 비용과 위험을 절감할 수 있다는 것입니다. 실제 채용까지 이어지지 않더라도, 채용 담당자가 다른 기업의 인재와 접촉하여 유출을 시도하는 것만으로도 부정 경쟁에 의한 법적 문제가 생길 수 있습니다. 이러한 서치펌의 헤드헌터를 통한다면 기업의 부담을 줄이면서 업계 현황을 파악할 수 있습니다.

사 내 외   추 천   독 려 하 기

사내추천

　　　　　　사내 추천이란 회사의 내부 구성원들이 현재 채용 중인 포지션에 외부 후보자를 직접 추천하는 것을 말합니다. 보통 내부 구성원의 전 직장 동료 혹은 지인 등에게 우리 회사에 지원해보라고 설득해서 추천하죠. 페이스북을 만든 마크 저커버그는 이렇게 말했습니다. "사람은 사람에게 영향을 미칩니다. 믿을 수 있는 친구의 추천만큼 사람들에게 영향을 미치는 것은 없습니다." 이 말은 채용에도 적용될 수 있는데요. 믿을 수 있는 임직원의 추천은 어떤 채널보다 강력할 수 있습니다. 또한 회사 입장에서도 이미 회사의 일부가 된 구성원이 보증한 인원이라면 지원함에 있어서 이미 한 차례의 심사 과정을 거친 셈이기 때문에 신뢰성이 높다고 볼 수 있죠.

　　사내 추천에는 긍정적인 면이 많지만 부정적인 면도 분명 존재합니다. 사내 추천이 활성화되더라도 추천된 인원의 합격률이 극히 낮다면 리텐션이 저하될 수 있습니다. 또한 구성원에게 불합격한 인원에 대한 추천 사유를 물어보는 등 구성원 개인의 신뢰를 떨어뜨리는 질문이나 운영 때문에 추천 활동이 얼어붙을 수도 있습니다. 이런 경우가 발생하지 않도록 추천인에 대한 감사를 잘 전달하고, 불합격한 경우 그 이유에 대해서도 공감할 수 있도록 프로세스를 잘 운영하는 것이 채용 담당자의 몫입니다.

사내 추천의 장단점을 다시 정리해보면 아래와 같습니다.

장점
- 적은 자원으로 인재를 확보할 수 있습니다.

- 소프트랜딩(soft landing)으로 고용 유지를 기대할 수 있습니다. 소프트랜딩이란 입사 후 기업의 문화와 환경에 적응할 수 있도록 돕는 프로그램을 말합니다. 예를 들어 기업의 온보딩(on-boarding) 교육, 직무 및 부서 소개, 멘토-버디(mentor-buddy) 제도 등이 있습니다.

- 구성원의 책임감을 북돋아 사기를 증진합니다.

- 채용 브랜딩을 강화할 수 있습니다.

단점
- 보상금 등 관련 보상만을 목적으로 조건에 맞지 않는 후보자를 추천하는 등 어뷰징(abusing)이 발생할 수 있습니다.

- 피추천인에 대한 부정적인 평가가 추천인에게 긴장감을 유발할 수 있습니다.

- 인력 다양성이 감소할 수 있습니다.

- 평가가 편향되는 등 채용 프로세스의 신뢰도가 저하될 수 있습니다.

사내 추천 제도는 효과성이 높은 채널이지만 선행되어야 할 과제들이 있습니다. 먼저, 직원들이 추천하고 싶은 회사를 만드는 것이죠. 조직 문화, 보상 수준, 일하는 방식 등 구성원의 실제 만족감이 바탕이 되어야 제도의 활성화를 기대할 수 있지만, 이를 실현하는 데 있어 채용 부서의 역할은 제한될 수밖에 없습니다.

그러면 채용 부서에서는 어떤 것을 해야 할까요? 먼저 구성원이 만족하는 요인을 잘 다듬어 내재화하는 일을 할 수 있습니다. 채용 부서에서는 외부에 닿는 채널들을 관리하기 때문에 임직원 리뷰 등을 대체로 모니터링하고 있습니다. 그렇기 때문에 현재 내부 상황에 대해 가지고 있는 구성원들의 생각, 만족 및 불만족 요인들을 사전에 파악하여 유관 부서에 전달하거나 채용 부서 내에서 해볼 수 있는 일들을 찾습니다. 그리고 만족 요인을 정리하여 구성원에게도 주기적으로 알리는 활동을 하며, 긍정적인 요인을 잊지 않고 지속할 수 있도록 만드는 활동들을 해볼 수 있습니다. 채용 브랜딩 활동에 구성원의 참여를 독려하거나, 내부 이벤트 등을 자발적으로 외부에 알릴 수 있도록 기회를 열어주고 이 기업에 소속된 것에 대해 자랑스럽게 여길 수 있을 만한 콘텐츠들을 발행하며 채용 브랜딩을 하는 것도 하나의 방법이 될 수 있습니다. 또한 구성원들이 채용 정보를 언제나 쉽게 확인할 수 있게 채용 사이트와 친숙하게 만들고, 채용이 시작될 때 직원들에게 알리는 것도 좋은 방법입니다.

여기까지 어느 정도 구성원들의 참여와 공감을 만들었다면 이제 본격적으로 사내 추천 제도를 설계해야 합니다. 사내 추천 제도는 궁극적으로 비용이 발생합니다. 그렇기 때문에 실제 사내 추천에 대한 수요가 있는지를 파악하고, 수요가 있다면 왜 사내 추천을 선호하는지를 조사해야 합니다. 그리고 과거 레퍼런스가 있다면, 사내 추천이 실제 효과적이었는지를 확인하며 사내 추천 제도의 실효성에 대해 확신을 가지고 진행을 해야 합니다.

  이후에는 사내 추천의 범위와 방식, 규정을 정립해야 합니다. 사내 추천은 보통 작게는 몇십만 원부터 몇백만 원까지 1인 채용에 따른 추천 감사비 성격의 보상금을 지불합니다. 비용이 발생할 수 있기 때문에 사내 채용이 효과적이라 생각되는 포지션을 한정하거나, 추천이 가능한 시기 등을 한정하여 사내 추천 제도를 운용하는 것도 좋은 방법입니다. 또한 규정이 명확하지 않으면 어뷰징 등 사내 채용의 부작용이 발생할 수도 있는데요. 예를 들면 단순히 추천 보상만을 목표로 포지션에 적합하지 않은 인원 또는 잘 알지 못하는 인원을 추천할 가능성도 있기 때문에 추천서를 필수 항목으로 넣거나 실제 업무를 특정 기간 이상 함께 해본 인원 등 추천자와 피추천자의 범위도 명확히 규정해두는 것이 좋습니다.

  또한 채용 프로세스 전반에서 사내 추천에 대한 규정을 명확하게 하는 것이 좋습니다. 예를 들면 직책자가 사내 추천으로 본인의 팀원을 추천하는 경우에는 심사 과정이 편향될 확률이 높기 때문에 타 부서의 심사관이 심사를 진행하는 등 방안이 마련되어 있어야 채용 과정에서 오류를 줄일 수 있습니다.

  이러한 기본적인 설계가 마무리되었다면 구성원들의 참여를 독려하는 내부 홍보 및 프로모션을 진행하고, 효과 추적 및 제도를 보완해가며 사내 추천을 회사의 하나의 채용 채널로 정착시킬 수 있습니다.

사외 추천

　　　　　　　　최근에는 사내 추천뿐만 아니라 사외 추천을 진행하는 곳도 많아졌는데요. 사외 추천이란 구성원이 아닌 외부인이 자신의 지인을 추천하는 형태로 추천인이 합격할 경우 채용 보상금을 외부인에게 지급하는 형태입니다. 채용 채널 중 '원티드'에서도 유사한 프로세스를 운영하고 있는데요. 채용 공고를 보고 지인에게 공고를 추천하도록 유도하며, 지인이 기업에 지원서를 접수할 때 피추천인의 추천 사유를 작성할 수 있도록 하는 것입니다. 그리고 실제 채용이 이루어진다면 합격 보상금으로 일정 금액을 받을 수 있습니다. 원티드는 합격자가 발생할 경우 기업에서 채용 수수료를 부담하고 있어 이 수수료의 일부가 합격 보상금으로 지급되는 구조로 운영되고 있습니다.

　현재는 개별 기업에서도 사외 추천을 도입하고 있습니다. 지금 올라온 공고를 본 후보자를 적극적으로 활용하는 방법인데요. 실제 현재 이직을 고려하고 있지 않지만 포지션에 대한 이해도가 높은 후보자가 자신의 지인을 추천한다면, 불특정 다수에게 채용 홍보를 하는 것보다 효과적일 수 있기 때문입니다. 또한 채용 홍보를 활성화하는 수단으로도 사용할 수 있기 때문에 새로운 방법으로 시도해볼 수 있습니다.

　사외 추천의 경우 사내 추천보다 정교한 설계가 필요합니다. 추천 사유 및 추천인과의 관계, 보상금의 지급 범위나 소득 처리 등에 대해서도 사전에 명확히 공지하는 것이 필요하고, 지급 대상에서 제외되는 범위도 더 명확히 해야 합니다. 이는 이미 인재 풀로 관리했던 인원에 대한 추가 비용이 발생하지 않도록 관리하기 위함입니다.

> **사외 추천 제외 대상자 예시**
> - 계열사에 근무 중이거나 과거에 근무했던 인원
> - 이미 과거 채용 전형에 지원했거나, 전형이 진행 중인 인원

사 내 공 모 진 행 하 기

회사의 일하는 문화가 다양해지고, 포지션의 요구 조건이 세부화되는 만큼 채용이 쉽지 않을 때가 있습니다. 후보자의 기대 사항과 격차가 커지는 상황에서 사내 공모를 생각해볼 수 있는데요. 특히 팬데믹 상황에서 채용 계획에 변동성이 잦아지거나 내외부 상황이 불확실해지면서 사내 공모를 고려하는 회사도 많이 늘었습니다.

HRD 용어 사전에서는 사내 공모를 다음과 같이 정의합니다.

사내 공모란, 조직 내 결원이 발생했을 때 내부 충원이 필요한 포지션을 구성원에게 알리고, 기존 구성원에게 공개적이고 균등한 고용 기회를 제공하여 해당 포지션을 채용하는 것을 말합니다. 이를 통해 구성원의 경력 개발에 대한 동기를 부여할 수 있고 구성원은 새로운 직무에 대한 도전 의식, 잠재 능력을 발휘할 수 있습니다.

링크드인에서 조사한 2020년 글로벌 인재 동향에 따르면 70% 이상의 기업이 사내 공모에 관심을 두고 있습니다. 가장 큰 이유는 빠른 채용 프로세스와 생산성인데요. 설문 응답자의 94%는 사내 공모가 가장 가치 있는 인재 유지 수단이라고 답했고, 실제로 사내 경력 관리 프로그램이 활성화된 기업의 경우 직원 유지율이 41% 더 높았습니다.

이처럼 글로벌 동향을 봐도 사내 공모는 주목받고 있는 채용 채널임을 알 수 있습니다. 경험을 중시하는 MZ 세대의 도전 의식과 성장 욕구를 충족시키는 대안이 될 수 있고, 한 직무를 오래 담당했던 구성원의 리텐션 수단으로도 사내 공모는 좋은 방안이 될 수 있습니다. 회사의 문화와 일하는 방식이 잘 맞음에도 업무가 맞지 않아 이직을 고려하는 구성원의 이탈을 막을 수 있고, 회사에 대한 기여도를 높여 구성원의 오너십Ownership을 향상시킬 수 있습니다.

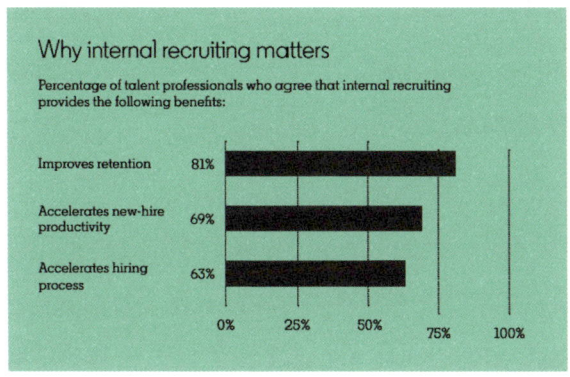

링크드인 2020년 글로벌 인재 동향 보고서

사내 공모 프로세스

먼저 사내 공모의 프로세스부터 살펴보겠습니다.

1 조직 내 TO 발생 후 사내 공모 진행 결정

포지션의 요구 조건과 경력 등을 고려해 사내 공모가 유의미한 포지션인지를 살펴봅니다. 높은 전문성을 요구하는 포지션이라면 기존 구성원을 타깃으로 하는 사내 공모는 적합하지 않습니다. 그보다 회사의 서비스나 비전 등 전체적인 이해도가 높을수록 유리한 포지션이라면 사내 공모를 통해 조직 이해도가 높은 구성원을 모집하는 것이 효과적일 수 있습니다. 또한 이 단계에서 외부 채용과 병행할 것인지를 결정하여 진행하는 것이 필요합니다. 중도에 외부 채용이 오픈된다면 내부 동향이 부정적으로 변할 수 있고 불필요한 긴장감을 줄 수 있기 때문에 공모 시작 전 진행 방식을 확정하는 것이 중요합니다. 일반적으로는 외부 지원자와 비교하며 사내 공모의 적합성을 종합적으로 검토하여 진행하는 경우가 많습니다.

2 내부 홍보 및 모집

구성원들이 접하는 인트라넷 혹은 사내 게시판 등을 통해 지원자를 모집합니다. 지원자 모집 단계에서 유의해야 할 점은 지원 사실이 외부에 공개되지 않음을 명확히 하고, 지원 경로 등 보안 유지를 최우선으로 해야 합니다. 내부 이동은 인사상 민감한 요인으로 평가받으며 이후 회사생활에 많은 영향을 끼칠 수 있습니다. 그렇기 때문에 지원 단계에서 비밀이 잘 지켜질 수 있도록 신뢰를 주는 것이 중요합니다.

3 채용 프로세스 진행

위와 마찬가지로 기존 채용 프로세스와는 다른 방식으로 사내 공모 채용 프로세스를 진행해야 합니다. 인터뷰를 진행한다면 회사가 아닌 다른 장소나 화상 미팅을 통해, 업무 시간을 피하여 진행하는 등 기존 구성원들이 알지 못하도록 진행하는 것이 중요합니다. 실제로 사내 공모에 지원한 이후 성과에서 부정적인 결과나 피드백을 받기도 하고, 리더와의 갈등이 생기는 경우도 있기 때문입니다.

4 선발 및 이동

합격자가 정해졌다면 이후 구성원이 이동합니다. 조직 간의 갈등이 발생하지 않도록 인수인계 기간을 사전에 정하고 당해 평가 주체 등 인사상 불이익이 발생하지 않도록 제도 등 다방면에서 배려가 필요합니다.

사내 공모의 장점

사내 공모는 가장 큰 장점은 **빠른 채용 프로세스 진행**입니다. 구성원을 대상으로 하기 때문에 명확한 JD만 있으면 짧은 모집 기간과 프로세스로도 채용을 할 수 있기 때문이죠. 대개 수평 이동을 원칙으로 하고 있어 후보자의 이탈 가능성이나 등의 불확실성도 아주 낮습니다.

구성원에게 있어서는 이직에 대한 두려움, 많은 시간과 노력을 들이지 않고도 익숙한 조직에서 새로운 기회를 맞이하는 할 수 있다는 점이 가장 큰 장점이라고 할 수 있습니다. 사내 공모가 활성화된 회사라면 구성원들에게 성장과 새로운 시도를 지지하는 곳이라는 인식을 심어줄 수도 있죠.

다음은 생산성입니다. 물론 포지션에 따라 다른 결과가 나올 수 있지만, 대개 사내 공모 대상자라면 회사의 일과 문화에 대한 이해도, 조직의 가치와 방향성을 이미 갖추고 있습니다. 회사의 가치를 이미 잘 알고 있는 구성원의 전환은 회사에 있어 빠르게 적응하고 퍼포먼스를 낼 수 있는 인재이고, 생산성을 높일 수 있는 수단입니다.

실제 사내 공모를 진행하면서 조직에 대한 충성도가 더 높아지고, 근속 기간이 길어짐을 검증한 적이 있는데요. 제도 도입 당시 사내 공모의 실효성과 이동자의 퍼포먼스에 대해 우려했던 것과 반대로 업무에 더 빠르게 적응하고, 업무 자체에 대한 관심도가 더 높음을 확인할 수 있습니다.

사내 공모의 단점

사내 공모의 핵심은 비밀 유지입니다. 일반적으로 조직의 구성원이 사내 공모를 통해 이직을 준비하는 것이 알려지면 조직의 리더와 갈등을 빚기도 하고, 평가에서 불이익을 당하는 등의 부정적인 요인이 발생할 여지가 있습니다. 이러한 위험성을 잘 다루지 못하면 이탈 가능성이 적고 충성도가 높은 사내 공모 지원자가 회사를 완전히 떠나게 될 수도 있습니다.

한편, 특정 포지션에 대한 선호도가 비대칭적으로 높은 경우에는 조직 전체의 분위기가 어수선해질 수 있습니다. 실제 사내 공모를 진행하면 특정 포지션에 대한 선호도가 유달리 높은 경우가 있는데요. 예를 들어, 정규직 전환 비율이 높은 포지션이라거나, 승진 가능성이 높은 포지션의 경우 조직 구성원이 너무 많이 사내 공모에 지원하여 기존 조직의 업무 효율을 떨어뜨릴 수 있습니다.

게다가 사내 공모는 다양한 경력과 배경을 가진 후보자를 영입하는 외부 채용과 달리 기존 구성원을 재배치하는 방식을 택하므로, 조직의 다양성이 감소할 수 있습니다. 새로운 인사이트가 필요한 포지션에서는 아쉬움이 있을 수 있죠.

이처럼 사내 공모는 조직의 인재 유지 측면에서 관심을 가져야 할 제도이지만, 장단점이 명확합니다. 사내 공모 제도에 대하여 명확히 알고 우리 조직에 적합한지를 검토하여 조직에 맞게 위험을 통제할 수 있다면 효과적인 채용 채널로 이용할 수 있을 것입니다.

8

채용 브랜딩

리크루터로 커리어를 시작하는 많은 분이 가장 관심을 갖는 주제가 채용 브랜딩이라고 생각합니다. 회사의 가치와 비전을 외부에 전파하고, 우리의 고유한 문화를 알리는 모든 활동이 이에 포함되는데요. 사실 채용 브랜딩은 온/오프라인으로 회사를 알리는 행사에 그치지 않으며 리크루터 업무의 모든 영역이 브랜딩의 일환이라고도 할 수 있습니다.

직원 가치 제안이 무엇인가요?

채용 브랜딩을 살펴보기 전 우리는 직원 가치 제안Employee Value Proposition, EVP을 이해해야 합니다. EVP는 기업이 구성원에게 제공하는 포괄적인 가치를 의미합니다. 채용 브랜딩을 시작하기 전 우리 회사의 EVP를 먼저 파악해본다면 브랜딩을 하는 데 있어 방향이 흔들리지 않고, 일관된 목소리를 내는 브랜딩을 구축할 수 있습니다. EVP를 파악하는 여러 방법론이 있는데, 그중에서 접목해볼 만한 맥킨지 컨설팅의 7S 모델을 통해 쉽게 설명해보겠습니다.

7S 모델 항목	내용
Shared Values (공유 가치)	기업의 비전 및 전략, 미션, 정체성
Strategy (전략)	기업 경쟁력, 기업의 자원, 매출
Structure (조직 구조)	일하는 방식, 조직도, 임원진
System (제도)	업무 체계, 프로세스, 경영관리 시스템 (인사, 급여 시스템)
Style (관리 스타일)	경영진, CEO, 의사결정 체계
Staff (구성원)	인력 확보, 다양성, 조직 문화, 교육 및 경력 훈련
Skills (기술)	역량, 기술력, 정보 시스템

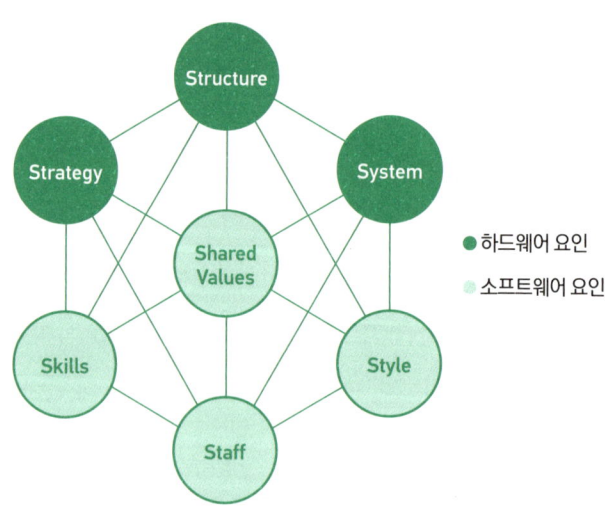

맥킨지 7S 모델

맥킨지는 기업의 성공 요인 7가지를 제시하고 각 요인이 유기적인 관계를 맺고 있음을 보여줍니다. 7S는 세 가지의 하드웨어 요인과 네 가지의 소프트웨어 요인으로 분류되는데요. 하드웨어 요인에는 전략, 조직 구조, 시스템이 포함되고, 소프트웨어 요인에는 공유 가치와 기술 및 역량, 구성원과 문화가 포함됩니다. 각각 살펴볼까요? 먼저 비교적 변화하기 쉬운 하드웨어 요인입니다.

전략Strategy: 기업의 향후 방향성, 효율적인 전략 수립과 실행이 경쟁 우위의 중요 요인입니다.

조직 구조 Structure: 조직의 구성원이 기업의 가치와 비전을 실행할 능력이 있는지, 조직 간 커뮤니케이션 수준 등이 조직 구조에 해당합니다.

제도System: 효율적인 업무 체계와 매뉴얼 등이 이에 해당합니다.

다음은 쉽게 변하지 않는 소프트웨어 요인을 살펴봅니다.

공유 가치 Shared Values: 임직원이 공유하는 공동의 가치로서 미션이나 비전이 이에 해당합니다. 공유 가치가 실현되기까지 경영진의 의지와 액션 역시 공유 가치에 포함됩니다.

기술Skills: 조직 차원에서 차별적인 경쟁 우위를 말합니다. 지식수준과 기술의 경쟁력을 포함합니다.

구성원Staff: 조직 구성원이 유능한지, 또 인사 관리 수준과 리더십 역시 포함합니다.

관리 스타일 Style: 기업의 문화와 경영 방식, 일을 대하는 태도와 방식 등을 포함합니다.

이러한 요소를 참고하여 회사의 특성을 파악하고, 외부에 셀링할 EVP를 구축합니다. 이 과정이 선행된 채용 브랜딩은 분명하게 차별성을 가지고 이후 채용 브랜딩을 전개하는 과정에서 일관된 목소리로 힘이 있는 브랜딩을 만들어갈 수 있습니다.

채 용 브 랜 딩 의 목 적 과
좋 은 콘 텐 츠 의 조 건

채용 브랜딩이라고 하면 어떤 것들이 떠오르나요? 특정 색깔이 떠오르는 기업, 목표 지향적인 성격이 짙은 기업, 유쾌하고 위트 있게 일하는 기업, 귀여운 캐릭터가 있는 기업 등 다양한 기업이 떠오를 수 있을 것 같습니다. 그런 인상이 바로 그려지는 회사라면 브랜딩을 잘하고 있는 기업이라고 할 수 있겠죠.

채용 브랜딩을 위해서는 콘텐츠가 필요하고, 채용 브랜딩과 콘텐츠는 뗄 수 없습니다. 채용 브랜딩을 알리는 모든 활동에 콘텐츠가 포함되기 때문이죠. 기업에 대한 정보와 소개, 가치와 미션, 서비스 소개, 직무 인터뷰, 복지 및 사내 이벤트, 채용 홍보 등 여러 목적으로 콘텐츠가 만들어집니다.

그럼 가장 먼저 어떤 것을 시작해볼 수 있을까요? 채용 브랜딩을 진행할 때 가장 중요한 점은 예쁘게 보여지는 것보다 목적을 잃지 않는 것입니다. 어떤 회사든 채용 브랜딩의 궁극적인 목적은 다르지 않습니다. 바로 회사에 합류하고 싶게 만드는 것이죠. 그 과정에서 긍정적이고 좋은 이미지를 심어주기 위한 콘텐츠, 멋진 콘텐츠는 분명 필요하지만 이는 목적을 잘 보여주기 위한 수단으로서 존재하며, 목적과 수단이 바뀌면 들인 노력과 시간에 비해 효과가 없는 힘이 없는 콘텐츠가 되기 마련입니다.

예를 들어 브랜딩의 목적이 '수평적이고 협업을 중요시하는 문화'를 가진 모습을 보여주는 것이라면 그에 맞춰 업무 환경이나 문화, 일하는 모습과 관련된 영상 콘텐츠 등을 만들 수 있습니다. 그런데 여기서 보여지는 모습은 이 콘텐츠를 소비하는 후보자에게는 여러 정보 중 하나로 스쳐 지나가죠. 우리는 같은 콘텐츠와 홍보 방식을 택하더라도 그 끝은 후보자가 회사가 합류하고 싶은 마음이 들도록 만들고, 지금이 아니더라도 우리 회사 하면 어떤 키워드가 떠오르게 하는 것을 목적으로 삼아야 합니다. 그래서 채용 브랜딩을 위한 콘텐츠에는 왜 우리 회사가 차별화된 강점을 갖고 있는지, 후보자가 합류하게 된다면 어떤 경험을 할 수 있는지를 담아야 합니다. 나아가 우리 회사와 미래를 그려볼 수 있도록 만들어가는 것이 올바른 방향이라고 할 수 있습니다.

조금 더 자세히 알아보겠습니다. 글, 사진, 영상 등 다양한 방법과 여러 채널로 채용 브랜딩이 진행되고 있습니다. 기업의 상황과 시장의 기대사항에 따라 콘텐츠가 기획되어야 하기 때문에 콘텐츠에는 정답이 없습니다. 그럼에도 여러 시행착오를 거치며 몇 가지 기준을 통해 채용 브랜딩의 목적에 맞는 콘텐츠를 만들며 좋은 결과를 만들어냈던 방법을 공유합니다.

1 채용 콘텐츠의 목적과 타깃을 잃지 않기

채용 브랜딩 콘텐츠를 기획할 때 가장 큰 목적은 이 콘텐츠를 보는 후보자가 우리 회사에 합류하고 싶은 마음을 일으키고 입사 후 어떤 생각을 가지고, 영향이 미칠지를 미리 그려보는 것입니다. 예를 들어 회사의 서비스와 일하는 방식에 대한 브랜딩을 한다면 이 콘텐츠를 보는 후보자에게 서비스에 대한 이해도를 가지고 지원하길 기대할 수 있고 우리 회사의 일하는 방식과 후보자의 일하는 태도를 미리 돌아보고 조금 더 적합한 후보자의 유입을 기대해볼 수 있습니다. 또한, 타깃에 있어서도 시장의 잠재력 있는 신입을 대상으로 하는지, 전문성을 가진 경력직을 대상으로 하는지, 혹은 각 직군별 타깃으로 해당 직무에서 흥미를 가질 만한 요인이 무엇일지를 고려하여 콘텐츠를 만든다면 조금 더 목적에 가까운 콘텐츠를 만들 가능성이 높습니다.

2 회사가 하고 싶은 이야기와 후보자가 듣고 싶은 이야기의 균형을 찾기

채용 담당자라면 당연히 회사에 대해 좋은 점을 알리고 싶을 텐데요. 알리고 싶은 내용이 너무 많은 나머지 핵심을 파악하기 어렵거나, 너무 추상적이고 당연한 이야기들로 채워진 콘텐츠를 만들 가능성도 높습니다. 콘텐츠를 만들어가면서 실제 후보자가 페이지에 머무는 시간을 추적해본 적이 있는데요. 글의 분량과 상관없이 후보자는 1분 내외의 짧은 시간을 머무는 패턴을 발견했습니다. 일반화할 수는 없지만, 후보자가 듣고 싶어 하는 날것의 정보는 머무는 시간이 조금 더 길었습니다. 후보자의 관점에서 쉽게 찾을 수 없지만 궁금한 정보들을 담되 기업에서 의도적으로 드러내고 싶은 이야기의 균형을 생각하며 콘텐츠를 기획한다면 후보자에게 좀 더 가까이 다가가는 콘텐츠가 되지 않을까요?

3 커리어의 발전을 기대하게 만들기

회사와 채용의 관점에서도 성장 가능성이 높은 인재를 발굴하는 것이 중요한데요. 직무의 전문성, 뛰어난 동료, 성장을 지원하는 환경 등 채용 브랜딩 과정에서 이러한 점을 잘 녹인 콘텐츠를 만들어 성장 욕구가 높은 지원자의 흥미를 끌고, 지원으로 이어지게 한다면 좋은 결과를 기대해볼 수 있습니다. 후보자 관점에서도 이직을 고려하는 상황에서 커리어의 발전을 기대하게 만드는 회사라면 더 높은 후보군에 들 수 있겠죠.

4 다시 돌아보게 하기

지금 이 콘텐츠를 벗어나더라도 언젠가 이직의 마음이 들었을 때, 혹은 경쟁 회사를 접하거나 관련 정보를 접했을 때 우리 회사를 먼저 떠올리게 만들어야 합니다. 이는 콘텐츠가 일회성에 그치지 않고, 주기적으로 꾸준히 채용 브랜딩에 투자하는 것을 의미합니다. 채용 브랜딩은 많은 시간과 끈기가 필요한 작업인데요. 시장의 상황이 아주 빠르게 변화하는 만큼 그에 맞춰 적합한 콘텐츠를 만들어나가는 것이 채용 브랜딩의 목적에 부합한다고 생각합니다.

최근 다양한 채널이 발달하면서 채용 브랜딩을 하지 않는 회사를 찾기가 더 어려운데요. 후보자가 의아해할 만큼 목적을 잃은 콘텐츠도 많이 생겨나고 있습니다. 오랜 시간을 투자하여 만들어가는 채용 브랜딩이 의미를 잃지 않도록 기획하는 것이 중요합니다.

임플로이언서 활용하기

최근 채용 브랜딩과 관련한 트렌드로 '임플로이언서Employeencer'가 있습니다. 회사의 구성원으로서 주어진 업무를 수행하는 직원Employee의 관점에서 일을 통해 회사와 세상에 영향력을 발휘하는 인플루언서Influencer의 모습으로 변화하고 있는 것인데요. 임플로이언서의 주요한 특징은 회사를 선택하는 기준에 있어서도 나의 가치와 방향성에 맞는 회사를 선택하고, 회사와 함께 시너지를 내는 파트너로 생각한다는 것입니다.

이들은 일에 있어서도 주체가 되기 때문에 지속가능한 조직을 만들기 위해서는 구성원 모두가 조직에 영향력을 미칠 수 있게 만드는 것이 중요합니다. 그래야 회사에서 각자 자신의 역량을 펼칠 수 있습니다. 채용 브랜딩에 있어서도 채용 부서 혹은 회사 차원에서 내보내는 메시지보다 임플로이언서 한 사람의 경험이 더욱 큰 영향력을 발휘하는 경우도 있습니다.

특히 경력직이라면 회사의 보상 경쟁력, 인지도 측면보다는 본인의 역량을 잘 발휘할 수 있는 곳인지, 일하는 문화가 어떤지 궁금해하는 경우가 많기 때문에 임플로이언서의 활동을 보며 지원을 결심하거나 회사에 대한 평판을 조회하기도 합니다. 그렇기 때문에 채용 부서에서는 임플로이언서를 활용하여 현실적인 정보들을 제공하고, 채용의 관점에서 잘 풀어나갈 수 있도록 협업하는 것이 중요합니다.

채용 브랜딩은 참 재밌는 일이지만, 어렵고 고통스러운 영역이기도 합니다. 채용 브랜딩을 하기 위해 글을 잘 쓰고 편집을 잘하는 능력도 있으면 물론 좋겠지만, 목적에 조금 더 집중하며 이 목적을 가장 잘 나타낼 수 있는 수단과 채널을 생각하며 회사에 합류하고 싶게 만드는 채용 브랜딩을 구축한다면 좋은 성과를 낼 수 있을 것이라 기대합니다.

임플로이언서
사례

델

델Dell은 회사가 가진 스토리를 전 세계에 잘 알리고 있는 기업 중 하나입니다. 델에서 직원들은 소셜 미디어 등 여러 채널을 통해 회사의 홍보 대사가 될 수 있도록 만들었는데요. 이러한 활동으로 활동에 참여하는 이들은 회사에 더 큰 소속감을 느끼며 델의 스토리를 전파하고, 실제 본인이 어떻게 일하고 있는지 뿐만 아니라 회사에서 일어나는 일상들을 공유합니다. 이러한 활동을 통해서 후보자들은 델에서 일하는 경험을 간접적으로 알게 되고 회사에 대해 더 큰 매력을 느끼게 됩니다.

링크드인

링크드인LinkedIn은 내부 직원들에게 링크드인 사용을 적극 권장합니다. 그 결과 어떤 기업보다도 내부 직원의 링크드인 사용 비율이 높습니다. 채용팀에서만 게시물을 올리지 않고 직원들이 자발적으로 콘텐츠를 생산합니다. 아마 채용 담당자를 꿈꾸는 분이라면 링크드인을 자주 볼 텐데요. 채용 부서에서만 올리는 콘텐츠들이 워낙 많아 이제 피로도가 높아진다는 의견이 많은 추세입니다. 그렇기 때문에 다양한 의견을 접할 수 있고, 각각의 분야로 콘텐츠가 확산되는 속도와 범위가 넓어질 수 있도록 임플로이언서 전략을 사용하는 것은 아주 좋은 대안이 될 수 있습니다.

> 몰리

몰리Mollie는 채용 브랜딩으로 항상 좋은 평가를 받는 기업으로, 다양한 시도를 하고 있습니다. 채용 브랜딩만을 위한 임플로이어 브랜딩 리드 포지션도 있을 정도입니다. 몰리는 채용 공고에서 팀원들의 링크드인을 연결하여 후보자들이 직접 팀원들에게 컨택할 수 있도록 했습니다. 이는 직무에 대해 누구보다 잘 알고 있는 현업의 담당자와 이어주는 창의적인 전략이었습니다. 또한 직원 경험을 보여주는 인스타그램 계정도 운영하고 있습니다.

> 에어비앤비

에어비앤비Airbnb는 직원들에게 내부 캠페인으로 스스로 링크드인 프로필을 꾸미고 업데이트하도록 장려합니다. 내부 직원들의 링크드인 활동은 후보자들로 하여금 내부의 문화, 같이 일할 사람들의 성향이나 특색을 짐작하고 지원으로 이어질 것이라 믿기 때문입니다.

채용 이벤트 기획하기

채용 이벤트는 어떻게 기획해야 할까요? 우선 이벤트를 기획하기 전에 우리가 이루고자 하는 목표를 정의합니다.

- 회사에 대한 인지도 향상
- 회사의 주요 직무와 연관 있는 후보자와의 연결 강화
- 오픈된 포지션의 빠른 채용

이에 맞춰 적합한 채널과 수단, 메시지 등을 정의합니다. 물론 이 과정에서 많은 협업도 필요하고요.

최근 코로나로 인해 메타버스를 이용한 채용 이벤트가 많이 있었는데요. 메타버스 공간에 회사의 서비스를 구현하고, 이 안에서 몇천 명의 후보자들과 접점을 만들며, 채용 설명회를 진행한 적이 있습니다. 오프라인과 아주 같지는 않지만 오히려 더 적극적으로 행사에 임하는 후보자들도 많이 만났습니다. 오프라인에서의 채용 설명회는 채용 담당자의 말을 경청하는 구조였다면, 메타버스 환경에서는 더욱 양방향 소통에 가까웠는데요. 즉각적인 반응이 다르게 느껴지는 부분도 많았습니다. 채용 담당자는 환경에 변화에도 빠르게 적응해야 하며 여러 툴을 사용하는 데 두려움도 없어야 한다는 점을 절감했죠.

비단 환경뿐만 아니라 정해진 예산 안에서 최대한 효과를 낼 수 있는 채널을 충분히 조사해야 합니다. 앞서 다루었던 채용 채널들을 비롯

하여 우리가 닿고자 하는 대상자들이 모여 있는 채널이 어디 있는지, 그리고 언제 어떤 방식으로 홍보를 진행해야 효과적일지 전략이 필요하죠.

꼭 대규모의 이벤트가 필요한 것은 아닙니다. 채용 담당자 또는 현업 담당자와의 커피챗을 통해 관계를 강화하는 이벤트를 기획하거나, 간단한 설문조사를 통해서 후보자들이 바라는 점이나 필요한 정보들을 수집하는 것도 채용 이벤트가 될 수 있죠. 거창하지 않아도 채용 공고를 통해서 후보자의 참여를 유도하는 작은 이벤트를 기획해보거나 기존과 다른 배너 디자인 등으로 작은 이벤트를 기획하는 것도 방법이 될 수 있습니다.

독특한
채용 이벤트 사례

아틀라시안의 UX Surfers 이벤트

지라Jira 등 협업 소프트웨어를 만드는 아틀라시안은 팝업 채용 투어를 기획하여 지역의 최고 인재를 찾는 이벤트를 진행했습니다. 호주 전역에서 현지인들이 즐겨 찾는 곳(바, 카페, 레스토랑 등)을 밤에 아틀라시안 사무실로 바꾸어 사무실 공간과 문화를 경험하게 하고, 굿즈를 제공하며 아틀라시안 직원들과 함께 현장에서 면접을 보고 입사 제안까지 했습니다. 다음 사진은 유럽의 UX 디자이너를 대상으로 진행한 채용 투어로 해당 행사는 #UXSurfers 해시태그로 퍼져나갔습니다.

채용 행사가 직업이 되는 곳, 로블록스

로블록스는 일반적인 게임사와는 달리 게임을 플레이하거나 개발, 제작한 게임을 출시해 수익화까지 할 수 있는 메타버스 게임 플랫폼입니다. 로블록스에는 채용 이벤트만을 위한 포지션이 별도로 존재합니다. 채용 이벤트를 전담하는 프로그램 매니저의 주요 업무는 다음과 같습니다.

① 채용팀의 장기 이벤트 전략의 생성, 전달, 실행을 담당합니다.

② 이벤트 회고를 포함하여 초기 디자인에서 최종 결과까지 이벤트를 관리합니다.

③ 이해관계자 및 팀 구성원과 협력하여 이벤트를 홍보하고 실행하는 데 필요한 세부 정보, 결과물 및 개요를 설명하는 각 이벤트에 대한 계획을 개발합니다.

④ 다양한 팀과 다양한 수준의 다양한 후보자를 위해 메타버스 이벤트 등의 가상 이벤트 활동을 만들거나 대면 이벤트를 기획합니다.

⑤ 데이터를 추적 및 사용하여 목표를 설정하고 개별 이벤트와 가장 중요한 채용 이벤트 전략의 영향과 효과를 측정합니다.

⑥ 채용팀 구성원, 비즈니스 내의 이해관계자, 외부 공급업체 및 조직과의 원활한 협업을 통해 영향을 미치는 관계를 촉진, 영향을 관리합니다.

⑦ 광범위한 채용팀 및 채용 조직을 지원하기 위해 필요에 따라 임시 프로젝트, 내부 모집팀 및 기술팀과 협력하여 이벤트에 적합한 인재를 찾는 데 도움을 줍니다.

> 스포티파이의 채용 홍보용 플레이리스트

　　　　　　스포티파이Spotify는 실리콘밸리의 유니콘 회사로 시작하여 세계 최대 오디오 음원 스트리밍 플랫폼으로 성장했습니다. 국내 인지도는 높지 않지만 차별화된 서비스를 제공하며, 구글, 마이크로소프트 등 세계적인 기업에서 인수를 제의할 만큼 놀라운 성장을 보여주고 있는 기업입니다.

　스포티파이는 체계적인 인턴십 프로그램을 제공하고 이에 따른 콘텐츠들도 활발히 생성하고 있습니다. 실제 인턴들의 재택 근무나 줌 활용 등 다양한 환경에서 하고 있는 일과 소감에 대해 담아 현실감 있는 정보 제공하는데 기업의 개입이 전혀 없는 느낌이라 자연스럽게 스포티파이에 대한 관심을 갖게 만들고, 조기 인재를 확보하는 전략을 펼칩니다.

　채용 과정에서 기발한 아이디어가 화제가 되기도 했는데요. 개발자들이 일을 하며 음악을 많이 듣는 점을 활용하여 재생 목록을 만들어서 외부에 배포했는데 유쾌하고 재밌게 채용에 대한 좋은 인상을 남긴 사례입니다.

채용 홍보에 활용된 스포티파이 재생 리스트

9

다양한 채용 사례

CEO를 적극적으로 활용한
해외 사례

팀워크 유지를 위한 채용, 일론 머스크의 채용 전략

테슬라 CEO 일론 머스크의 트위터에 대한 여론은 양극단으로 갈리지만, 트위터에 대한 그의 영향력은 부정할 수 없는 게 사실입니다. 실제 일론 머스크는 트위터를 통해 AI 엔지니어 포지션 등 채용에 대해 직접 알리고 채용 행사를 홍보했습니다. 일론 머스크 정도의 영향력 있는 대표의 SNS 활동이나 메시지는 그 어떠한 채널보다 강력하게 후보자에게 도달하죠.

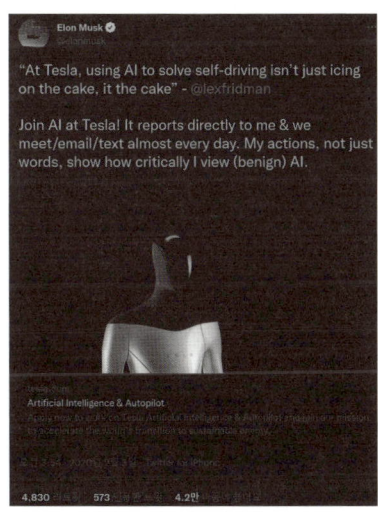

일론 머스크 트위터(@elonmusk)

일론 머스크는 사람을 채용할 때 가장 중요하게 생각하는 네 가지를 트위터에 남긴 적이 있습니다. 철저한 직업윤리, 프로덕트를 만드는 재능, 상식, 신뢰. 더불어 그는 '착한 마음'을 가진 사람을 인재상으로 두고 있는 것으로 유명합니다. 테슬라의 차량은 전기로 달릴 수 있지만, 회사는 사람들을 타고 달린다고 하여, 테슬라의 구성원들은 의심할 여지 없이 테슬라가 요구하는 기술력을 가진 사람들이지만, 더 중요한 것은 '착한 마음'을 가진 근면한 사람들이라는 것이라는 것을 강조했습니다.

어떤 회사든지 인재상을 물어보면 아마 좋은 마음과 인성을 가진 사람들을 찾는다고 말할 것입니다. 당신의 팀의 새로운 누군가를 고용할 때 한 개인이 다른 사람들에게 미칠 수 있는 영향을 상기시키고, 그들의 성격이 그 팀의 성과에 어떻게 영향을 미칠지를 고려하는 것도 매우 중요합니다.

테슬라의 비전을 달성하기 위해서는 사람들이 스스로 잘 일하는지를 고려하는 것이 더 중요하다고 이야기합니다. 머스크는 "팀에서 가장 좋은 사람은 가장 많은 골을 넣는 사람이 아니라 가장 많은 골을 돕는 사람이 될 수 있다."고 해서 왜 기술력과 지적 능력이 그의 채용 결정에 제일 중요한 요소가 아닌지 설명했습니다. 그가 말하는 성격 중심의 인재 채용 전략을 설명하는 부분이기도 하죠. 회사가 개인을 고용할 때, 지성이나 기술뿐만 아니라 그 개개인들이 어떻게 상호작용할지를 고려하여 채용하는 것 또한 중요하죠.

일론 머스크는 최고의 인재를 채용하기 위해 엄격한 채용 프로세스를 시행합니다. 사전 인터뷰는 후보자의 배경과 경험에 초점을 맞춘 대화로 시작하며, 기술적 능력을 측정하고 커리어 패스를 파악하기 위해 체계적으로 질문합니다. 현업 담당자가 직접 기술 역량을 측정하고 조직 문화에 대하여 질문하며, 사전 인터뷰 합격자는 현장 인터뷰에 초대되어 엄격한 작업 샘플링 테스트와 개인 및 패널 인터뷰를 수행합니다. 각 단계에서 후보자는 문제 해결 능력을 보여줘야 합니다. 마지막 단계는 CEO가 직접 전화 또는 에세이를 통해 후보자와 소통합니다. 후보자는 자신이 테슬라에서 일하고자 하는 이유와 테슬라가 자신을 채용해야 하는 이유를 설명하고, 일론 머스크가 직접 후보자의 답변을 확인합니다.

'최고인 사람은 없다'는 마윈의 채용관

　　　　　　　　　알리바바의 CEO 마윈은 회사를 성장시키려면 올바른 사람을 고용해야 한다고 이야기했습니다. 알리바바가 초기 투자를 받았을 때 마윈은 다국적 기업의 임원을 대거 고용했습니다. 당시 마케팅 부사장 중 한 명이 마윈에게 찾아가 내년 비즈니스 마케팅 계획을 제안했고, 그의 능력과 경험을 믿었던 마윈은 의심 없이 그 제안을 수락했습니다. 하지만 결과적으로 해당 제안은 당시 회사가 감당할 수 있었던 지출 예산을 훨씬 초과하는 비용이 들도록 설계되었던 것이었습니다. 마윈은 이 사태에 대해 본인의 잘못이라 말하며, 해당 임원들을 고용하기로 한 결정이 마치 '트랙터에 보잉 747 엔진을 넣는 것'과 비슷한 일임을 깨달았다고 합니다.

마윈이 채용할 때 첫 번째로 정한 규칙은 '최고의 사람'과 '전문가'를 피하는 것입니다. 일반적인 채용의 목적과 반대되는 입장을 내비친 것은 상당히 파격적이죠. 마윈의 설명은 이렇습니다. "미래에는 전문가가 없다고 생각합니다. 그들은 항상 어제의 전문가이기 때문이죠." 또한 "최고의 사람은 없습니다. 최고의 사람들은 항상 회사에 있고, 그들이 최고가 되도록 훈련시키는 것이 중요합니다."라고 이야기했습니다. 마윈은 항상 배울 준비가 되어 있고 실수를 두려워하지 않는 사람들을 채용하는 것부터 시작한다고 덧붙였습니다.

마윈에게 채용되기 위한 필수 조건 1위는 학력이 아닙니다. 사실 마윈은 최고의 성과를 내는 사람을 '피하는' 것으로 유명하죠. 심지어 마윈은 학교에서 좋은 성적을 받지 못한 사람들을 고용하는 것을 선호한다고 했습니다. 대학 엘리트가 현실 세계에서 어려움에 직면하면 쉽게 좌절할 것이라고 하면서요. 다만, 학교 성적이 좋지 않더라도 끊임없이 변화하는 비즈니스 환경을 탐색할 수 있는 약간의 영리함 정도는 가지고 있어야 한다고 했습니다.

더불어 마윈은 감정 지수EQ가 좋은 사람들을 선호하는 경향이 있다고 말했습니다. 감정 지수가 높은 사람들은 더 나은 리더와 팀 플레이어가 되기 때문입니다. 마윈이 강조하는 것은 다른 사람과 함께 일하려면 EQ와 IQ가 함께 있어야 자신이 무엇을 하고 있는지 잘 알 수 있다는 것입니다. 감정 지수도 필요하지만 지능이 없으면 멀리 가지 못하기 때문이죠.

또한 마윈은 사람들의 낙관적인 태도를 강조합니다. 그리고 이러한 특성이 지금의 알리바바를 기술 회사로 만드는 데 일조했다고 하죠. 낙관적인 성향은 사람들이 어려운 상황을 유리한 상황으로 바꾸는 데 도움이 될 수 있다고 말합니다. 기업가로서도 낙관적이지 않으면 항상 문제에 봉착하게 된다는 그의 말처럼 "내가 선택한 사람들은 낙관적이어야 합니다."라고 강조했죠.

신 입 인 재 풀 관 리 사 례

이제 기업의 인재상은 개인의 기술적 역량보다는 빠르게 변화하는 시장에 유연하게 대처할 수 있는 잠재력을 중시하는 방향으로 바뀌고 있습니다. 잠재력을 가진 인재를 조기에 발굴하고 기업에 맞는 인재로 키워가는 것이 중요한 시점이 되고 있고요. 많은 회사에서 조기에 인재를 확보하기 위한 여러 가지 전략을 구축하고 실행합니다.

디자인 관련 소프트웨어를 제공하는 어도비Adobe는 기술 관련 전공자가 아니어도 다양한 배경을 가진 대학 졸업생들 혹은 취업 준비생들이 소프트웨어 코딩과 기술 분야의 경력에 대해 배우고 흥미를 가질 수 있도록 지원함으로써 미래 기술 인재의 파이프라인을 구축하는 데 힘쓰고 있습니다. 이처럼 다양하고 포용적인 인력을 육성하기 위해 어도비 디지털 아카데미라는 육성 프로그램을 운영합니다. 경력 전환을 희망하거나 취업을 희망하는 사람들을 대상으로 사용자 경험User Experience 디자인, 데이터 과학 및 웹 개발 분야 등에서 경력을 시작할 수 있도록 필요한 교육과 경험을 제공하죠. 어도비는 학부 졸업 예정자University Talent를 채용하는 것이 어도비의 성장, 혁신 및 사고의 다양성을 촉진하며 이것이 채용 전략의 최우선 순위라고 말합니다. 'University Talent Partner'라는 채용 직무가 별도로 존재하는데, 해당 직무는 인턴 및 학사, 석사, MBA 및 박사 후보자를 채용하며, 대학생 채용 관련한 프로그램을 구축하고 대학별 채용 전략을 설계, 구현하고 실행합니다.

   세계적인 컨설팅 회사 보스턴 컨설팅 그룹 또한 캠퍼스 리크루터 직무를 모집했던 적이 있습니다. 해당 역할은 가상 오피스 투어, 대학생 대상 강의 및 학생들이 참여할 수 있는 여러 가지 대회나 이벤트 개최 등 캠퍼스 리크루팅에 참여하기 위한 여러 가지 전략을 세우고 실행하는 역할입니다. 캠퍼스 리크루팅을 위한 채용 브랜딩을 정립하고, 다양한 대학들에 캠퍼스 리크루팅을 알리기 위해 관련 담당자 및 교수진들과의 네트워크 구축하기도 하죠.

   글로벌 회계 감사 기업인 PwC는 학생들의 개인적인 문제나 고민에 중점을 둔 방식으로 회사를 알리는 활동을 펼치고 있습니다. 예를 들어 학생들이 학자금 대출을 갚는 방법에 대해 이야기해주는 영상 시리즈 같은 콘텐츠죠. 5,000명이 넘는 학생들이 실제 본인들이 가지고 있는 개인적인 문제나 고민을 해결하고, 비즈니스 문제 또한 해결하기 위해 PwC 직원으로부터 멘토링에 참여하는 학생 대상 챌린지도 만들었습니다. PwC는 학생들의 생각과 배경의 다양성을 얼마나 중요하게 여기고 있는지를 채용 사이트나 직원들의 이야기 등 끊임없이 외부 채널을 통해 전파하죠. PwC는 학생들이 막연히 생각하기에 어려운 사업 영역과 비즈니스를 하고 있어도 왜 많은 학생이 PwC에서 일하고 싶어 하는지를 알 수 있는 부분입니다.

링크드인에서는 전 세계 600명이 넘는 학생들을 대상으로 설문 조사를 통해 직업과 회사에 매력을 느끼게 만드는 것은 무엇인지, 그들이 진정으로 관심을 갖는 것은 무엇인지 알아보았습니다. 그들이 관심을 가지고 있는 부분은 ① 기업 문화와 가치, ② 회사를 바라보는 직원의 시선/피드백, ③ 보상 및 복지, ④ 미션과 비전입니다. 많은 기업에서 이러한 부분을 학생들에게 직접 전달하기 위한 다양한 채용 이벤트, 캠퍼스 리크루팅 등을 진행하고 있습니다.

그렇다면 신입 인재를 확보하기 위한 전략들은 무엇이 있을까요? 스냅챗Snapchat은 MZ 세대, 특히 미국의 대학생들에게 매우 인기 있는 소셜 미디어 플랫폼입니다. 기업들은 이러한 트렌드에 촉각을 세우고 기업들은 스냅챗을 MZ 세대를 채용하기 위한 하나의 채널로 사용하고 있습니다. GEGeneral Electric는 스냅챗을 적극 활용하는 채용 마케팅을 펼치고 있습니다. GE에 개발자로 새로 입사한 한 직원을 내세워서 스냅챗에서 숏 콘텐츠를 통한 채용 브랜딩을 시작했습니다. 해당 직원의 일상과 업무 생활을 보여주는 콘텐츠로 해당 직원의 가족들과 친구들은 그에게 GE에 입사한 이유에 대해 묻고, 현재 그가 수행하고 있는 일과 그 일의 중요성에 대해 설명합니다. 직원 한 명을 인플루언서로 내세워 이를 통한 채용 브랜딩을 MZ 세대가 가장 많이 사용하는 채널에서 홍보하는 것은 그들에게 GE가 단순히 일하는 '회사' 이상의 개념으로 와닿게 했죠.

출처: @generalelectric

GE 스냅챗 계정

신입 혹은 MZ 세대의 지원자를 위하여 채용 과정 또한 흥미 요소나 편의성을 추구하여 진행하는 회사들도 많아졌습니다. 미국의 식품 기업 제너럴 밀스General Mills는 가상현실VR을 사용하여 학생들에게 오피스 투어를 할 수 있게 합니다. 회사 문화를 아주 가깝게 체험할 수 있게 하며 일하는 모습을 상상할 수 있게 하죠. VR을 활용한 오피스 투어는 여러 취업 박람회에서 큰 히트를 쳤던 요소 중 하나라고 합니다.

스웨덴에 본사를 둔 세계적인 보드카 앱솔루트Absolut의 경우 학생들에게 일반적인 이력서나 포트폴리오를 요구하는 대신, 앱솔루트에 지원한 이유를 설명하는 2분 분량의 유튜브 동영상을 촬영하여 제출하도록 했습니다. 여기서 합격한 학생들은 18개월 동안 회사의 마케팅 포지션에 채용되어 근무할 수 있죠. 앱솔루트의 비디오 챌린지 덕분에 앱솔루트의 다른 포지션 채용에도 많은 지원자가 몰렸다고 합니다.

PART 4

성장하는 리크루터의 역량

10

체계적인 채용을 위한 데이터 및 성과 관리

채 용 K P I

핵심 성과 지표를 뜻하는 KPI Key Performance Indicator는 팀이나 조직의 목표를 나타내며 이에 따라 진행 상태와 결과를 측정하고 평가하는 정량적인 지표입니다. 효과적인 KPI 설정을 통해 전략적인 목표를 달성하고, 목표의 진행 현황을 쉽게 파악할 수 있기 때문에 KPI는 대부분의 조직에서 활용되고 있고, 채용 부서에서도 KPI를 측정하고 있습니다.

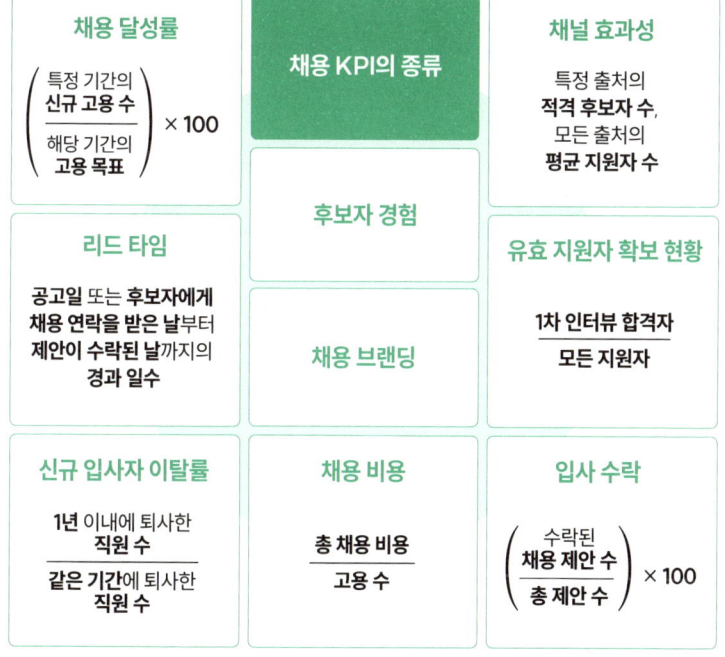

채용 KPI 예시

채용 부서에서의 KPI를 떠올린다면, 가장 먼저 채용 달성률이 떠오를 텐데요. 사실 이외에도 정량적/정성적 지표들이 많기 때문에 조직의 상황과 목적에 따라 다양한 KPI를 설정할 수 있습니다.

대표적인 채용 KPI의 종류를 먼저 알아보겠습니다.

1 채용 달성률

특정 기간의 신규 고용 수를 해당 기간의 고용 목표로 나눈 수치인데요. 해당 기간에 오픈된 포지션의 TO 중 얼마큼을 충족했는지는 채용 부서에서 가장 중요한 목표라고 할 수 있죠.

2 리드 타임 (Lead Time)

지원자 유입일부터 오퍼 수락일까지의 전형 소요 기간을 말합니다. 입사일은 후보자 개인 스케줄의 영향을 많이 받기 때문에 오퍼(처우)

포지션	기준일	실제 리드 타임	지연일	지연 사유
UX 디자이너	3일	6일	+3일	면접관 일정 지연
프로덕트 오너		5일	+2일	후보자 휴가 일정
프론트엔드 개발자		9일	+6일	채용팀 리소스 부족으로 운영 지연
백엔드 개발자		3일	0	-

리드 타임 지연 케이스 확인 지표 예시

수락일까지를 전체 채용의 리드타임으로 봅니다. 리드 타임은 채용의 효율성을 측정하는 데 필수적인 척도이며 채용 프로세스 내에서의 병목 현상을 파악하는 데도 도움이 됩니다. 지금과 같이 인재 전쟁의 시대에서는 리드 타임이 조금만 길어져도 매력적인 후보자를 놓칠 가능성이 높기 때문에 더욱 타이트하게 관리해야 하는 지표이기도 하죠.

3 채널 효과성

여러 채용 채널의 지원자를 분석하여 채널별 트래픽, 지원자 유입률, 채널별 합격자 수 등 채널의 효과성을 파악하는 것 또한 채용 부서의 KPI가 될 수 있습니다. 채용 업무는 한정된 자원으로 정해진 기간에 결과를 만들어야 하기 때문이죠. 이 때문에 채널의 효율성을 파악하고 전략을 세운다면 전체 채용 프로세스를 개선하는 데 도움이 됩니다.

채널	타깃	실제 유입	달성률
잡 포털 A	30	15	50%
잡 포털 B	30	9	30%
홈페이지	20	12	60%
서치펌	10	4	40%
사내 추천	5	5	100%

채널별 유입 달성률 지표 예시

4 유효 지원자 확보율

기업에 따라 유효 지원자를 정의하는 방법은 다를 텐데요. 저의 경우에는 1차 인터뷰에 합격한 지원자를 유효 지원자로 보고, 전체 지원자 중에 유효 지원자의 비율을 살펴봅니다. 단순히 많은 지원자를 모집하는 것이 목표가 아니라 채용하고자 하는 사람과 더 근접한 지원자를 얼마큼 모집했는지를 살펴보는 게 우리의 목표에 더 가깝습니다. 유효 지원자를 파악한다면 효율적인 채널이 무엇인지에 대한 새로운 인사이트도 얻을 수 있는데요. 유효 지원자의 비율이 높은 채널이 있다면, 이 또한 모집 전략으로 활용할 수 있습니다.

5 입사 수락 지표

모든 채용 과정을 마치고 적합한 후보자를 찾았다면 처우 제안을 하게 되는데요. 처우 협의 과정에서의 입사 수락도 채용 부서의 KPI가 됩니다. 처우 협의 과정에서 이탈하는 경우에는 회사의 평판이나 보상, 복리후생 등 우리의 보상 전략에 문제가 있을 가능성이 높은데요. 시장에서 보상 경쟁력을 확보할 수 있도록 테이블을 짜고, 인재 확보 전략을 세워 입사 수락률을 높여가야 합니다. 후보자와의 처우 협상 과정에서 외부 상황을 면밀히 파악해야 하고, 보상뿐만 아니라 다른 KPI, 이를테면 리드 타임 등의 개선으로 수락률을 높이는 데 도움이 될 수 있을지를 살펴봅니다.

6 채용 비용

채용 비용은 포지션의 시장 선호도와 경력 연차에 따라 많은 영향을 받습니다. 그렇기 때문에 포괄적으로는 총 채용 비용에서 고용 수로 나눌 수 있습니다.

$$채용\,비용 = \frac{총\,채용\,비용}{고용\,수}$$

채용에는 많은 비용이 듭니다. 채용 공고를 게시하는 비용, 채용 채널에서 발생하는 채용 수수료, 추천 채용 보상, 채용 박람회 및 이벤트 진행 비용, 채용 운영에 필요한 물품 구매비, 면접 및 과제 참여비 등 모든 비용을 고려해야 하는데요. 사실 이외에도 온보딩이나 인터뷰에 들어가는 시간까지 본다면 한 사람을 채용하는 데도 아주 많은 비용이 듭니다. 그렇기 때문에 채용 비용을 우리는 효율적으로 사용할 수 있는 방법을 찾아야 합니다. 채용 비용은 이후 채용 예산 수립의 핵심이 되기도 합니다.

채용 비용을 조금 더 구체적으로 살펴보면, 내부 비용과 외부 비용으로 나눠 볼 수 있습니다. 내부 비용은 해당 채용에 관여하는 리크루터의 연봉 혹은 월급부터 시작하여 리크루터가 받는 교육 비용, 현업에서 서류 검토나 면접 진행 시 사용하는 시간 비용 등이 있고, 외부 비용은 채용을 위해 사용하는 서치펌(헤드헌팅) 비용, 외부 공고 및 광고 집행 비용, 채용 이벤트나 컨퍼런스 참여 비용, 채용 시스템 사용 비용 등이 포함됩니다. 한 사람의 채용을 위해 관여되는 모든 항목의 비용을 포함하여 계산하기 때문에 채용당 비용은 정확한 비용을 보기 위함보다는 대략적으로 발생하는 비용 정도의 지표로 활용하면 좋습니다.

7 신규 입사자 이탈률

이탈률은 1년 이내에 퇴사한 직원 수를 같은 기간 동안 퇴사한 직원 수로 나눈 값입니다. 채용 후 품질에 대한 KPI 중 하나는 1년 이내 조기 이탈인데요. 높은 이직률은 직무에 적합한 직원을 찾는 데 문제가 있음을 나타냅니다. 신규 입사자가 회사의 문화에 잘 적응하고, 퍼포먼스를 내고 있는지를 살펴보는데 있어, 조기 이탈률은 중요한 자료가 됩니다. 자발적으로 조기 이탈이 발생하는 경우, 후보자와 내부 상황 간의 격차가 발생했을 수 있고, 비자발적 이탈이라면 채용 과정에서 적합한 인재를 선발하지 못했을 가능성이 있습니다. 전자의 경우라면 신규 채용 인원에 대한 온보딩과 적응도에 대해 지속적인 관찰을 통해 만족도를 높이고 인재를 유지하는 방안으로 개선이 필요하며, 후자의 경우에는 인재 선발을 위한 프로세스 개선이 필요하기 때문에 주요 지표로 삼습니다.

8 후보자 경험

채용 단계에서 지원자의 피드백, 동향을 관찰하고 만족도를 조사하는 것도 채용 부서의 KPI로 삼을수 있습니다. 후보자 경험의 문제를 찾아 개선하고 독보적인 후보자 경험을 제공함으로써 양질의 지원자를 확보할 수 있기 때문이죠.

9 채용 브랜딩

브랜딩에 대한 지표는 워낙 다양해서 하나로 정의하기 어렵습니다. 브랜딩을 하고 있는 채널이 많다면 각 채널의 트래픽, 순방문자 수, 도달 범위 등을 지표로 삼을 수 있습니다. 이는 구글 애널리틱스Google Analytics를 통해 파악할 수 있으며, 이외에도 콘텐츠의 발행 횟수, 후보자의 반응도 등을 KPI로 설정할 수 있습니다.

데 이 터 기 반 리 크 루 팅
Data-Driven Recruiting

데이터는 여러 회사에서 더 나은 의사결정을 위한 지표나 도구로 활용하곤 합니다. 마찬가지로 채용 데이터도 채용 계획 수립부터 후보자 소싱, 입사까지의 전체 채용 프로세스를 가시적인 사실과 수치를 통해 의사결정을 하고 운영하는 데 활용하는 지표와 도구가 됩니다.

채용 데이터라 하면 높은 수준의 분석 스킬과 분석 툴을 가지고 접근해야 한다고 생각하는 분도 많습니다. 하지만 앞서 얘기한 채용 KPI처럼 기본적인 채용 데이터만 가지고도 채용에 대한 많은 인사이트를 얻을 수 있기 때문에 다음과 같이 가볍게 접근을 시작하셔도 좋습니다.

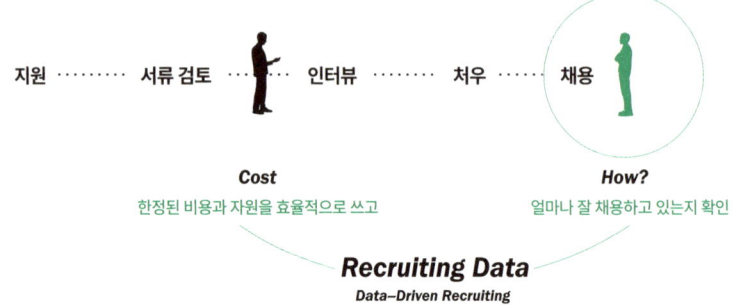

① 현재 채용 프로세스 먼저 진단하기
② 현재 채용 프로세스에서 병목 지점(bottleneck)이 어디인지 살펴보기
③ 데이터 분석 공부(R, Python) 전에, 엑셀로 기본 데이터 먼저 추출해보기
④ 추출한 데이터에서 인사이트를 찾고 그 원인도 짚어보기
⑤ 데이터 지표를 수립 후 전체 채용 대시보드 만들어보기

채용 데이터를 추출하고 취합하기 전에, 먼저 현재 채용 프로세스를 진단하는 과정이 필요합니다. 현재 우리 회사의 채용 프로세스에 어떤 부분에서 병목 현상이 있는지, 특별하게 현재 어떤 부분의 보강이나 개선이 필요한 것 같은지에 대한 가설을 세우고 현업이나 면접관의 피드백을 받으며 전체적으로 파악해야 합니다.

데이터 분석에 대한 공부를 하기 전에, 앞에서 소개한 기본적인 채용 데이터로 채용 지표를 먼저 추출해서 어떤 인사이트를 얻을 수 있는지 먼저 살펴보면 좋을 것 같습니다. 처음엔 회사 홈페이지를 통해 실제 지원으로 전환되는 비율이 어느 정도인지 확인하는 작업부터 시작해도 좋고, 데이터를 취합하기 어렵다면 설문지를 통한 데이터 수집부터 시작해도 좋습니다. 요즘은 여러 채용 시스템ATS에서 자체적으로 데이터를 분석할 수 있는 기능들을 제공하고 있는데요. 이러한 툴을 먼저 사용해서 가볍게 데이터를 파악하고 보는 안목을 길러나가는 것도 좋습니다.

다만 채용이라는 직무의 특성상 모든 의사결정을 다 데이터에 의존하기는 어렵습니다. 후보자 만족도, 시장에서의 평판reputation 등의 정성적인 부분도 항상 채용에 큰 영향을 주기 때문인데요. 말 그대로 다양한 종류의 데이터를 조합해서 깊이 있는 인사이트를 얻을 수는 있지만, 이것을 통해 무엇을 해야 하고 개선해야 할지는 결국 우리의 몫이기 때문에, 데이터는 어떤 일이 일어날 것인지 정확하게 예측해주진 못합니다. 또, 데이터는 문제를 해결해주지도 못하죠. 데이터는 우리가 무엇을 잘하고 있고, 무엇이 문제인지를 보여주지만 이것을 통해 '무엇'을 할지는 리크루터와 현업의 몫입니다.

그리고 데이터가 항상 객관적이거나 100% 정확한 것은 아닙니다. 사람이 직접 수기로 자료를 수집하고 분석하는 것보다 정확할 뿐이지, 데이터 수집이나 추출 방식에서 문제가 있으면 전체 데이터는 다 틀릴 수 있음을 간과해선 안 됩니다. 그러니 채용 데이터는 더 잘 나아가기 위한 적절한 '지표'와 '가이드' 정도로 활용하는 것이 중요합니다.

채용 데이터를 이용한 사례

채용 채널의 효과성 분석

여러 채용 채널을 활용 중이라면 아래와 같이 채널별 분석을 시도해볼 수 있습니다. 유료 채용 공고를 사용한 기간, 조회 수, 클릭 수, 집행 비용, 후보자의 유입 경로 지표를 활용한다면 효과적인 채널을 찾을 수 있습니다.

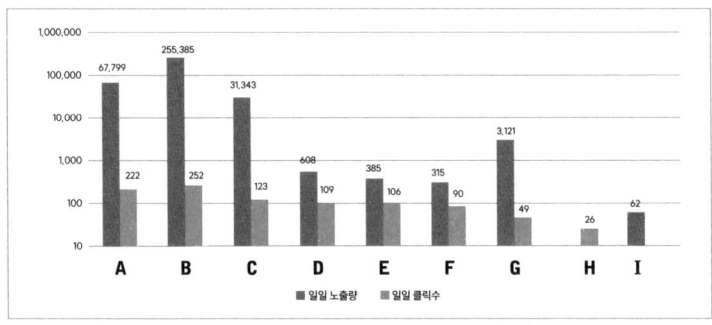

배너 광고를 집행할 때는 어떤 디자인이 더 효과적으로 노출되는지도 비교해볼 수 있는데요. 회사가 강조된 디자인, 기업의 문화와 관련된 디자인, 직무가 강조된 디자인 등 여러 옵션을 두고 AB 테스트를 진행하여 후보자의 눈길을 끄는 방법을 찾는 데도 데이터를 활용할 수 있습니다.

구분	노출	클릭	클릭율
콘셉트 1	240,729	1,514	0.63%
콘셉트 2	32,374	151	0.47%
콘셉트 3	65,752	316	0.48%
Total	338,855	1,981	0.58%

채용 대시보드 구축

　위 지표 활용이 익숙해졌다면 태블로, 구글 데이터 스튜디오 등을 활용하여 지표를 시각화해보는 것도 도움이 됩니다. 대시보드를 구축하면 정보를 직관적으로 볼 수 있고, 보고에도 활용하기 좋기 때문에 최근 다양한 기업의 채용 담당자가 데이터 툴, 시각화 툴을 공부합니다.

　다음 대시보드는 채용 KPI와 여러 지표를 무료 시각화 툴인 구글 데이터 스튜디오로 구현한 것으로 지표만 준비되어 있다면 어렵지 않게 구현할 수 있습니다.

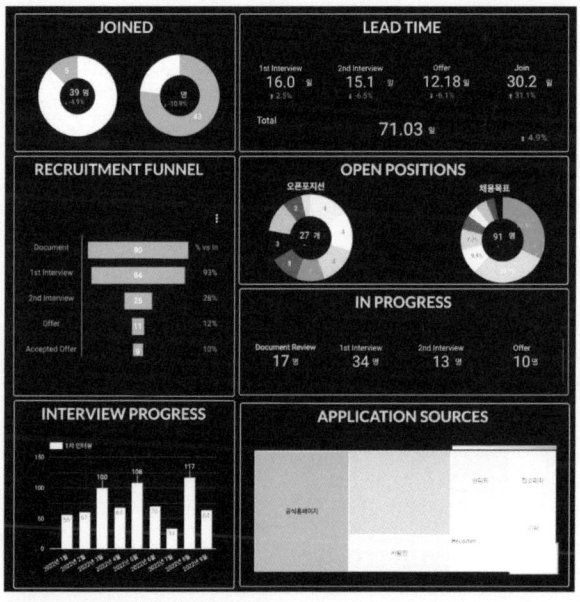

11 리크루터의 성장

리크루터에게 필요한 자질

다양한 종류와 성격의 업무를 동시다발적으로 진행하는 리크루팅의 특성상 리크루터에게는 여러 역량과 자질이 필요합니다. 현업과 후보자 사이에서의 명확한 커뮤니케이션을 통한 중재자 역할을 하거나, 적합한 면접 일정을 조율하기 위해 일정 관리 업무를 수행하거나, 고객의 문제 해결과 만족을 위해 친절하고 사려 깊게 응대하는 고객 서비스 담당자처럼 후보자의 문제나 문의를 해결하죠. 그 외에도 채용 프로세스에 대한 전반적인 현황을 분석하고 문제점을 짚어내야 하는 채용 데이터 분석가, 연봉 협상부터 입사까지 후보자가 무사히 잘 입사할 수 있도록 대응하고 전략을 수립하는 협상가, 채용 홍보를 위한 이벤트나 세미나를 기획하는 이벤트 플래너 등 채용이라는 업무 범위 내에서 정말 다양한 성격의 역할이 존재합니다. 한 명의 리크루터에게 이러한 역할들이 모두 필요한 건 아니지만, 예측할 수 없는 상황이나 신속하게 대응하거나 신중하게 대응해야 하는 상황에서 숨겨두었던 역량을 활용해야 할 순간들이 종종 발생하죠. 아마도 모든 직무에 필요한 역량과 자질이긴 하겠지만, 특히나 리크루터로서 채용 업무를 원활하게 수행하기 위해 기본적으로 가지고 있으면 좋은 하드 스킬Hard Skill(역량)과 소프트 스킬Soft Skill(자질)을 중심으로 알아봅니다.

하드 스킬

시장 조사 능력: 외부에 있는 후보자를 우리 회사로 영입해야 하는 업무가 채용의 기본 구조이므로, 외부 상황이나 시장 상황을 빠르게 인지하고 지속적으로 외부 상황을 살피고 조사하는 역량은 리크루터에게 필수적입니다. 좋은 인재가 많이 모여 있는 곳은 어디인지, 경쟁사에는 어떤 직무의 인재가 많은지, IT 회사의 경우 우리 회사에서 사용하는 개발 언어를 가장 잘 활용하고 있는 회사 혹은 가장 잘하는 사람들이 어디에 있는지 등 채용을 잘하기 위한 외부 환경 조사를 할 수 있는 능력은 매우 중요하죠.

데이터 주도 사고data-driven thinking : 채용에서 데이터는 채용 계획 수립부터 후보자 소싱, 면접, 입사까지의 전체적인 채용 프로세스를 가시적인 팩트와 수치를 통해 의사결정하고 운영할 수 있게 만드는 지표와 도구입니다. 채용을 잘하기 위한 가이드와 지표로 활용될 수 있는 데이터의 수집, 설계, 분석하는 과정을 모두 할 수 있는 역량은 리크루터에게는 필수적이죠. 다만, 분석의 범위가 너무 깊거나 전문적이지 않아도 괜찮습니다.

기획력(풍부한 표현 능력): 모든 직무가 마찬가지겠지만 본인이 가진 아이디어를 다른 사람들이 이해하기 쉽게 표현하는 것이 매우 중요합니다. 특히나 채용에서는 상당히 많은 유관 부서나 외부 업체 등이 있는데, 이들의 관점에서 채용 의사결정을 내리고 설득하려면 채용 과정을 알기 쉽게 잘 표현하는 능력이 매우 중요하게 작용합니다. 결국에 채용이란 것은 채용팀이나 리크루터가 혼자 할 수 있는 영역이 아닌, 다른 사람의 협조와 도움을 끌어내서 함께 결과물을 만들어야 하는 업무이기 때문입니다. 더불어 외부 후보자에게도 설득력 있고 매력적인 채용 콘텐츠나 채용 공고를 잘 기획하고 표현하여 브랜딩하는 역량 또한 필요하기 때문에, 이러한 기획력과 표현력 또한 필수적인 역량 중 하나입니다.

여러 툴에 대한 이해와 적응력: 협업을 필수로 하는 채용 담당자는 각 조직에서 사용하는 협업 툴(지라, 슬랙 등)뿐만 아니라 ATS Applicant Tracking System 같은 채용 시스템을 이해하고, 디자이너, 마케터, 개발자 등과 소통하기 위한 기본 소양이 있어야 명확하게 업무를 요청할 수 있고 협의가 가능합니다. 또한 여러 채널로 채용 홍보를 진행하기 때문에 기본적인 HTML 활용 능력이나 노션 등과 같은 새로운 툴에 대해서도 알고 있으면 업무의 범위나 퀄리티가 높아질 수 있습니다. 최근 채용 데이터에 대한 중요도와 관심도가 높아진 만큼 데이터 툴을 잘 다루는 채용 담당자도 많아지고 있고, 이와 관련된 역량을 요구하는 기업도 많아지고 있는 추세입니다.

소프트 스킬

커뮤니케이션 능력: 기본적으로 필요한 역량이라고 볼 수 있습니다. 앞서 언급했듯이 리크루터는 끊임없이 외부, 내부와 소통해야 하는 업무를 가지고 있습니다. 면접 조율부터 연봉 협상까지 말입니다. 단순히 말을 잘하는 것에 대한 커뮤니케이션 능력이 아닌, 더 나은 결과를 도출하기 위한 센스 있고 유연한 커뮤니케이션 스킬이 매우 중요합니다.

호기심과 지속적인 배움을 위한 자세: 리크루터는 '인사'라는 직군에 속해 있지만 정작 다루는 범위와 협업하는 범위는 굉장히 넓습니다. 다양한 직무에서 요청되는 채용 요청 건들의 대한 포지션 이해부터 시작하여, 해당 포지션이 속한 시장의 트렌드나 현황을 파악하는 것 등, 여러 분야에서 일하는 다양한 사람들과 산업에 대한 호기심이 뒷받침되지 않으면 리크루팅을 정말 단순한 회사 업무로만 받아들이게 될 것입니다.

이해심과 책임감: 좋은 포지션과 회사를 찾고 싶어 하는 후보자의 니즈와 좋은 사람과 함께 일하고 싶어 하는 현업이 니즈를 충분히 이해하는 것에서 채용이 시작된다고 봐도 무방합니다. 채용을 시작해서 완료되는 시점까지 모든 과정에서 리크루터, 후보자, 현업의 입장이 모두 다르기 때문에 리크루터는 이러한 서로 다른 입장과 니즈를 충분히

이해해야 합니다. '채용 완료'에 목적을 두기보다는 '사람'을 대하는 일인 만큼 책임감을 가지고 모든 프로세스를 진행한다고 생각해야 합니다.

상황에 대한 유연함과 빠른 회복 탄력성: 마찬가지로 사람을 상대하고 사람 중심으로 일을 하다 보니 생각지 못하거나 예상치 못한 일이 많이 생깁니다. 오늘은 포지션에 대해 긍정적이었던 사람이 내일이 되면 다시 부정적인 입장으로 변할 수도 있고, 마무리되었던 채용이 다른 이유로 입사가 어려워지게 된다든지 등, 좋은 채용 프로세스를 설계해두고 완벽하게 운영을 한다 하더라도 산업이나 시장에 대한 변화 등 외부 변수도 상당하기 때문에, 그야말로 채용 한 건을 성사시키는 데는 어느 정도의 '운'도 필요하다는 생각이 들 때도 많습니다. 이런 일을 계속 겪다 보면 리크루팅 일이 지루하고 의미도 없어 보이기도 합니다. 하지만 그런 사이에도 다른 후보자는 당신의 답변과 피드백을 기다리고 있을 수 있습니다. 우리는 단 한 명의 후보자와 현업을 상대하고 있는 것이 아니라는 것을 다시 한번 인지하고, 빠르게 회복할 수 있는 힘을 가지고 있어야 합니다.

인사적 마인드: 채용 마케팅, 채용 홍보 활동, 다이렉트 소싱 등 인사 업무 중에서 외부와 가장 활발하게 접촉하는 채용 분야에서는 도덕적 책임감과 원칙을 유지할 수 있는 신념이 더욱 필요합니다. 채용 프로

세스를 설계하면서 형평성을 유지해야 하고 많은 사람의 상세한 이력과 정보를 다루므로 이에 대한 비밀 유지 등 다른 인사 기능과 마찬가지로 '인사적 마인드'를 잊지 않아야 합니다. 채용 담당자이더라도 외부에서 보기에는 여전히 '인사 담당자'라는 하나의 카테고리로 인식하는 경우도 많기 때문입니다.

'우리는 리크루터인가요?' 스스로 점검하기

리크루터로 근무하지 않는 경우에도, 혹 리크루터를 꿈꾸고 있는 분이라면 아래 체크리스트를 보면서 리크루터에게 어떠한 역량과 자질이 있으면 유리할지 미리 체크해보는 건 어떨까요?

Recruiter Checklist

- ☐ 채용 수요 조사부터 온보딩까지 리크루터의 역할을 명확히 알고 있다.
- ☐ 채용 요청 부서의 관리자와 후보자 자격 및 포지션에 대해 논의할 수 있다.
- ☐ 소싱 과정에서 후보자 이력과 포트폴리오로 사전에 자격 심사를 할 수 있다.
- ☐ 후보자와 해당 포지션의 역할과 업무에 관해 10분 이상 대화할 수 있다.
- ☐ 내가 속한 기업의 가치를 명확히 설명할 수 있다.

- ☐ 임플로이어 브랜드 구축을 위해 기업의 포지셔닝을 파악하고 있다.
- ☐ 채용 프로세스의 리드 타임, 퍼널 등을 데이터화해서 모니터링하고 있다.
- ☐ 후보자와의 모든 접점을 파악하고 후보자 경험(CX) 향상을 위한 전략을 갖고 있다.
- ☐ 구조화된 인터뷰를 설계하고 진행할 수 있다.
- ☐ 경쟁 회사의 구조와 채용 포지션에 대해 파악하고 있다.
- ☐ 변화하는 채용 시장 트렌드를 지속적으로 알아보고 분석한다.
- ☐ 리크루터로 어떻게 성장하고 싶은지 커리어 패스를 고민하고 있다.
- ☐ 리크루터로서의 법적 준수 사항을 알고 있고 도덕적 책임감을 갖고 있다.

일 잘하는 리크루터들의 역량 훔쳐보기

각 기업에서 좋은 인재에 대한 수요가 증가함에 따라 잘하는 리크루터의 수요와 몸값 또한 올라가고 있다는 건 아마 이 책을 읽고 있다면 익히 잘 알고 계실 것입니다. 업계에서 정말 일 잘한다고 소문난 리크루터가 공통적으로 가진 역량과 스킬을 알아보겠습니다.

네트워킹을 해야 하는 이유

일 잘하는 리크루터는 네트워크에 대한 중요성을 잘 인지하고 있습니다. 현재의 업무 고민에 대한 조언이나 해결하기, 장기적인 네트워크로 인연을 맺고 추후 도움을 받을 수 있는 인맥을 만들기 등, 여러 가지 목적이 있겠지만 이러한 네트워킹의 가장 중요한 본질은 '사람과의 소통'입니다. 일 잘하는 리크루터는 네트워킹의 이러한 순기능과 목적을 잘 인지하고 있고, 다양한 사람들과의 소통하기 위해 가볍게 네트워킹을 시작합니다. 그렇다고 업계의 모든 사람을 다 본인의 인맥으로 가져가려고 하는 엄청난 열정적인 포부를 가지고 네트워킹을 하는 것은 아닙니다. 리크루터 또한 사람인지라 상당히 외향적인 성향의 사람이 아니고서야 지속적인 네트워킹과 교류를 하다 보면 자칫 정신적, 육체적으로 피로를 느끼기 십상입니다. 저 또한 사람을 상대로 하루 종일 일하고 저녁에 참석해야 하는 네트워킹 일정에 가끔은 너무 피곤하고 가고 싶지 않아서 스트레스를 받을 때가 종종 있습니다. 물리적으로나 정신적으로나 업계의 모든 사람을 인맥으로 만들고 연결되기에는 불가능할 것입니다. 다만, 진행하고 있는 포지션과 해당 포지션의 커리어 패스를 잘 알고 있는 상태에서 해당 경로에 해당하는 '잘하는' 사람들과의 네트워크는 무조건적으로 나에게 도움이 된다고 생각하여 가급적 참석하려고 노력하는 편입니다. 추후 나에게 도움이 되거나 내가 도움을 줄 수 있을 것 같은 사람들 위주로 체계적인 네트워크 자리를 만드는 것은 분명 일 잘하는 리크루터가 되기 위한 결정적인 소스로 작용할 것입니다.

시장 상황 주시하기

리크루터는 내부 상황뿐만 아니라 외부 환경에도 많은 영향을 받습니다. 외부 환경을 알지 못하는 상태에서는 외부의 좋은 인재를 모시기 위한 작업은 사실상 불가능하기 때문에 시장 상황에 대한 변화나 정보를 빠르게 캐치하는 능력은 정말 중요합니다. 일 잘하는 리크루터는 시장 상황에 대한 아티클이나 뉴스레터 혹은 세미나, 유튜브 채널을 챙겨 보며 업계 트렌드를 놓치지 않고 파악하려고 합니다. 앞서 얘기한 네트워킹을 통해서도 업계의 시장 상황은 빠르게 알 수 있습니다.

노하우는 숨기지 말고 아낌없이 공유하기

'나만 알고 있는 정보'는 없습니다. 특히나 채용에서는 더욱 그런 것 같습니다. 채용이란 업무는 전체적인 구조와 틀은 어느 회사나 비슷하기 때문에, 내가 재직하고 있는 회사의 상황에 맞춘 채용 전략을 잘 구축하는 역량과 약간의 센스가 리크루터의 역량이 판가름이 납니다. 그래서 다양한 회사의 채용 케이스와 방식을 많이 참고하고 살펴보는 것이 중요한데요. 우리 회사의 채용 방식은 비밀로 유지하고 외부의 케이스나 상황만 일방적으로 물어보고 알아내려는 리크루터를 많이 봤습니다. 아마도 채용 또한 인사의 영역이니 각 회사의 방식을 공유하는 것 자체에 조심스러운 부분이 있을 수 있음을 이해합니다. 다만, 이때만큼은 기브 앤 테이크 방식을 유지하세요. 일 잘하는 리크루터라면 '정보 획득'보다는 '공유'에 초점을 두어 좋은 사례들을 함께 나누는 것이 서로 성장하는 길임을 잘 알고 있습니다.

나만의 멘토, 롤 모델 찾기

앞서 말한 리크루터라면 필요한 역량 중 지속적인 배움을 위한 자세는 나만의 멘토와 롤 모델을 찾는 데서 시작될 수 있습니다. 채용 업무를 10년 이상 해온 사람도 아직 채용에서 할 일이 더 남아 있고, 계속 새로운 것들이 생기고 있다고 말합니다. 1명의 좋은 멘토가 동료 리크루터 10명보다 더 나은 인사이트를 줄 수도 있습니다. 일 잘하는 리크루터는 더 잘하는 그들만의 멘토나 롤 모델을 찾아서 그들로부터 지속적인 피드백을 받는 것을 즐겨 하고, 멘토의 방식을 본인만의 것으로 벤치마킹하여 더 나은 채용을 할 수 있는 본인만의 전략을 수립합니다.

채 용 담 당 자 의 커 리 어 패 스

지금까지 책을 읽으며 채용이라는 업무 영역에는 상당히 다양한 역량을 요구하는 일들이 많다는 것을 알게 되었을 것입니다. 많은 업무 영역 중 중요하지 않은 영역이나 우선순위에서 밀리는 영역은 단 하나도 없습니다. 채용은 모든 단계가 유기적으로 연결되어 있고, 한 단계가 부족했거나 완성이 되지 않은 채로 다음 단계로 넘어간다면 모든 단계가 무의미해질 수 있는 결과를 초래하게 됩니다. 가령 면접 과정을 탄탄하게 설계해두었고, 면접관 교육도 체계를 잡아두었는데, 채용의 첫 단계인 채용 공고를 작성하는 단계에서 제대로 작성되지 않는 공고로 지원자를 모집했다면, 꽤 많은 허수 지원자, 즉 자격 요건에 맞지 않는 지원자들을 검증하느라 시간만 낭비할 수 있죠. 반대로 모든 채용 프로세스에서 후보자 경험을 탁월하게 만드는 노력을 들였는데, 최종 처우 협의 단계가 길어지거나 처우 협의가 원활하게 진행되지 않는 경우, 앞에서 만들어 둔 좋은 후보자 경험이 무색해지는 케이스가 될 수도 있습니다. 이처럼 채용에 관여되는 모든 단계는 매우 중요합니다.

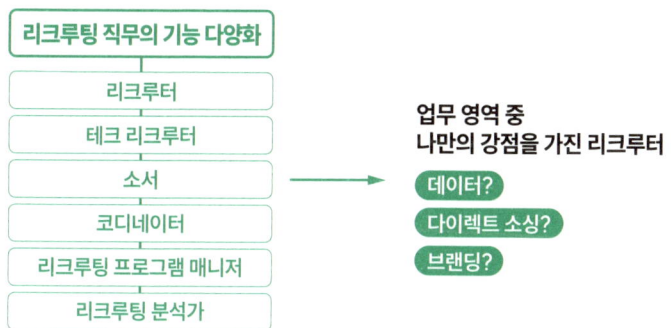

리크루터는 각 단계나 영역별로 본인이 가장 잘 할 수 있고 가장 흥미 있는 영역을 찾는 것이 중요합니다. 리크루터는 전반적인 채용 프로세스 전체를 모두 잘 운영할 수 있어야 하지만, 여러 채용 영역 중에 본인만의 특화된 영역이나 스킬이 있어야 합니다. 예를 들어 채용 데이터에 강점이 있다든가, 채용 브랜딩 영역을 좋아하고 관련 성과를 많이 낸 경험이라든가, 다이렉트 소싱에 영향력이 있어서 소싱 전문 리크루터로 포지셔닝을 한다든지 말이죠. 그러니 채용의 모든 프로세스는 필수적으로 경험해보되, 해당 프로세스에서 본인이 흥미 있고 잘 할 수 있는 영역을 발굴하는 것이 중요합니다. 주변에 리크루터 중에서는 리크루팅 커리어의 시작을 소서로 시작한 분이 있었는데 소싱에 대한 전문성과 개인의 네트워크를 쌓으면서 이후 대형 IT 기업에 소싱 전문 리크루터로 이직했습니다. 다른 어떤 분은 면접 일정을 조율하고 면접 후보자를 안내하고 결과를 통보하는 등의 리크루팅 코디네이터coordinator 업무로 커리어를 시작했고, 해당 영역에서 효율적으로 면접을 조율하는 방안을 고민하고 현업과 소통하는 스킬을 키워, 채용 프로세스 고도화에 특화된 역량을 쌓아서 채용 프로젝트(컨퍼런스, 공채 등)를 전문으로 하는 리크루터로 성장하고 있고요.

채용 영역에서 강점을 키우는 것은 꼭 전문적인 리크루터로서의 성장에만 국한되어 있는 것이 아닙니다. 제가 아는 다른 리크루터는 채용 데이터에 대한 프로페셔널한 강점을 가지고, 채용 데이터 분석을 위한 여러 가지 기반 스킬(SQL, R 등)을 공부한 후 이후 채용 영역을 넘어선 전반적인 HR 데이터를 모두 다루는 HR 분석 직무로 전환한 분도 있습니다. 또 다른 분은 다이렉트 소싱 영역에서 후보자와의 커뮤니케이션, 특히 회사를 셀링하고 협상을 하는 데 굉장한 스킬을 가지고 계신 분이 있습니다. 그분은 현재 리크루팅 영역을 넘어선 스타트업의 채용 및 HR 관련 컨설팅을 제공하는 업무를 하고 있죠.

이처럼 전반적인 채용 프로세스와 채용을 거시적인 관점으로 보는 눈과 통찰력은 기본적으로 갖추고 있되, 본인만의 강점을 부각할 수 있는 영역을 발굴하게 된다면 더 경쟁력 있는 리크루터 혹은 본인이 강점을 가진 영역으로 얼마든 성장할 수 있습니다. 채용 업무에 흥미가 있다면 그중에서 본인만의 영역을 꼭 찾아내길 바랍니다.

Outro   *Interview*

우리가 기대하는
채용 시장

다음 내용은 채용 시스템 '두들린'을 만드는 '그리팅(Greeting)'
에서 기획한 '리크루터 뷰' 인터뷰에서 발췌했습니다.

Q : 지금까지 채용 담당자로서 전반적으로 어떤 업무를 했나요?

민아 채용 기획, 현업 소통, 선발 과정 인터뷰, 온보딩까지 채용의 전체 사이클을 모두 진행하고 있어요. 특히 채용 데이터를 구축하고 지표를 뽑아내서 대시보드로 시각화하고 있고요. 이를 통해 인사이트를 뽑고 채용 전략을 수립하고 있어요.

예를 들면 현재 회사에서는 채널별 효과성 분석과 브랜딩의 효과성을 분석하고 있는데요. 전에 다녔던 회사에서는 선발 과정에서의 평가와 우수 인재 간의 상관관계, 선발 도구와 결과에 따른 성과 예측치 모델링 프로젝트에도 참여하는 등 데이터에 대한 관심이 컸어요. 최근에는 채용 데이터에 대한 관심도가 많이 높아졌잖아요. 저는 앞으로도 채용 데이터가 지금보다 더 중요해질 거라고 생각해요.

Q : 채용 브랜딩의 효과를 어떻게 분석하나요?

민아 채용 브랜딩을 분석하는 지표에 대한 고민이 정말 많았어요.

단순히 면접 경험에서 후보자들의 인식과 퀄리티가 좋아졌다는 정성적인 평가도 있지만, 실질적으로 어떤 사람에게 닿았고 얼마만큼 도달했는지가 궁금해지더라고요.

그래서 GA Google Analytics를 활용하기 시작했어요. GA를 통해 특정 콘텐츠가 각각 채널에서 도달한 숫자와 자사 채용 사이트로 유입된 숫자를 같이 살펴보고 있어요. 콘텐츠별로 조회수와 체류 시간을 파악하면서 지원자들이 우리 회사의 어떤 부분에 관심을 갖는지 파악하기도 하고요.

데이터를 살펴보니 업로드 주기와 요일도 콘텐츠 성과에 영향을 많이 준다는 것을 알았어요. 예를 들어 링크드인에 올리는 콘텐츠는 다른 요일보다 화요일이 가장 조회수가 높았고, 금요일에는 조회수가 가장 낮다는 것을 파악했어요. 이후로는 주로 화요일에 콘텐츠를 올리고 있고, 이전보다 성과가 더 잘 나온다는 것을 검증할 수 있었어요. 이렇게 데이터를 통해 채용 브랜딩 성과를 분석하고, 더 효율적인 방법을 찾고 있습니다.

저는 사실 데이터가 인사·채용 분야에서는 정답이 될 수는 없다고 생각해요. 데이터는 의사결정을 할 때 참고 자료의 역할이거든요. 데이터가 있으면 의사결정 할 때도 조금 더 논리적으로 설득할 수 있고, 자산이 되기도 하니까요. 그래서 데이터에 관심을 많이 갖고 있고, 의사결정할 때에도 데이터에 기반해서 하려고 하고 있어요.

Q : 요즘 관심을 많이 받고 있는 채용 브랜딩은 어떻게 진행하고 있나요?

민아 개인적으로 채용 브랜딩은 일반적인 브랜딩과는 구분되어야 한다고 생각해요. 대상이 소비자가 아니라 후보자이기 때문에 후보자 관점에서 채용 브랜딩이 이뤄져야 한다고 생각하거든요. 그래서 이런 본질을 잃지 않으려고 늘 생각하는 편이에요.

조금 더 구체적으로 말씀드리자면, 채용 브랜딩에서 EVP(직원 가치 제안)를 만드는게 최우선이라고 생각해요. 예전에는 일회성으로 우리 회사에서 어떤 이벤트를 하고, 우리 회사의 어떤 점이 좋다는 걸 알렸는데요. 그런 브랜딩은 힘이 없더라고요. 결국 우리 회사의 가치와 비전을 먼저 정하고, 여러 채널에서 일관된 목소리를 내야 채용 브랜딩이 된다고 생각해요.

물론 이런 작업은 아주 오랜 시간이 걸린다고 느껴요. 한 번에 성과가 나올 수 없잖아요. 그럼에도 꾸준히 우리 회사의 가치와 일하는 방식을 말하다 보면 지원자 숫자도 늘고 후보자 퀄리티가 높아지는 게 보이더라고요.

이제 지원자들은 기업의 인지도나 복리후생만 보지 않고 본인의 가치관에 부합하는 회사를 선택하고 있습니다. 그런 맥락에서 저희도 기업 인지도와 복리후생을 강조하기보다는, 어떤 사람들이 어떤 방식으로 일하고 있고, 협업할 때는 어떻게 하고 있는지 등 실제 회사 생활과 업무 방식을 알리는 콘텐츠도 만들고 있어요. 이런 부분이 모여서 채용 브랜딩이 된다고 생각해요.

Q : 채용 담당자로서 후보자 경험을 개선하는 방안에 대해서 들어볼 수 있을까요?

민아 후보자 정의부터가 고민의 시작이었어요. 저는 채용 프로세스에 들어온 순간부터가 아닌, 회사를 인지하는 순간부터 잠재적인 후보자라고 정의하고 싶거든요. 인지한 순간부터 접점을 관리하는 게 후보자 경험의 핵심인 것 같은데요. 예를 들어 인지 단계에서 후보자가 궁금한 건 '이 회사가 뭐 하는 회사일까?'라고 생각해요. 그러면 이 단계에서 후보자가 찾는 적합한 채널과 저희가 노출할 수 있는 정보를 단계적으로 찾고 기획하는 거죠. 인지 다음 단계에서는 회사의 평판과 일하는 사람들이 궁금할 것 같아요. 그러면 링크드인에 일하는 방식과 사내 문화를 알리는 콘텐츠를 내보내기도 하고요.

이제는 채용 담당자의 일이 선발 과정만으로 국한되지 않는다고 느끼고 있는데요. 채용 담당자는 회사를 대표해서 사내 문화와 일하는 방식, 팀원들을 외부에 많이 알리잖아요. 이런 관점에서 후보자 경험 개선이 채용 담당자에게 굉장히 중요한 역할이라고 생각하고, 더 많은 책임감을 갖고 일하고 있어요.

사실 이제는 '우리 회사는 어떤 점이 좋아요'라고 포장하는 건 눈에 띄지 않는 시대라고 생각해요. 정말로 회사에서 일어나는 일들을 말하는 게 채용 브랜딩이나 후보자 경험 개선에서 도움이 된다고 느껴요.

후보자들이 가장 궁금해 하는 건 '이 회사 사람들은 일을 어떻게 대하고, 어떻게 소통하고, 만약 내가 입사하면 어떤 역량을 쌓을 수 있을까'라고 생각해요. 그래서 이런 부분을 잘 알릴 수 있도록 만들고 있어요.

Q : 채용 담당자로서의 꿈이나 목표가 있나요?

한늘 채용 담당자로서 꿈은 제가 몸담은 채용이라는 분야가 조금 더 널리 알려지는 계기를 만들고 싶어요. 같이 일하는 동료 채용 담당자가 자부심을 가질 수 있었으면 좋겠고요. 좋은 채용 담당자분도 많이 늘어났으면 좋겠어요. 그러면 채용 분야가 잘 알려지고, 좋은 채용 담당자가 많아지면 들어오는 분도 많아지는 선순환이 될 것 같아요.

마케팅, 디자인, 기획 직무는 정말 좋은 레퍼런스도 많고 유명한 분도 많잖아요. 그런데 채용은 아직 덜 알려진 것 같아요. 채용 담당자가 하는 일이 업계 사람들뿐만 아니라, 일반인이 보기에도 정말 멋있는 일이라는 걸 알리고 싶어요. 보통 마케터라고 말하면 어른들도 이 사람이 어떤 일을 하는지 바로 알잖아요. 디자이너도 마찬가지고요. 채용 담당자도 그렇게 됐으면 좋겠어요.

여전히 어떤 사람들은 "채용 업무 하면서 왜 일이 많아?", "그냥 들어오는 이력서만 잘 보면 되는 거 아니야?"라고 물어보는 사람들도 있어요. 그렇기 때문에 저는 제가 하는 채용 업무가 '전략적인 사고와 고민을 바탕으로 하는 멋진 업무이다'라고 인식하게 만들고 싶어요. 우리가 하는 일이 멋있어 보였으면 좋겠는 거죠. 실제로 그렇기도 하고요.

그래서 이러한 채용에 대한 목적과 방향성이 같이 맞는 분들을 모아서 작은 채용 담당자 커뮤니티를 시작하고 있어요. 단순한 스터디 그룹이 아니라, 채용에 대한 인식을 바꿀 수 있는 커뮤니티를 지향하는데요. 채용 담당자들이 모여서 주제를 정해서 매월 스터디를 하고, 또 좋은 콘텐츠를 만들어서 외부에 공개하고, 다른 직무인 분들도 채용 담당자에 대해 이해하고 관심을 가질 수 있게 하는 여러 가지 활동을 해보려고 해요. 채용 업계의 판도를 트렌디하고 멋지게 바꾸는 것을 목표로 하고 있습니다.

Q : 혹시 채용 담당자로서의 고민도 있나요?

한늘 '채용 담당자가 정말 전문적인 직무가 되려면 어떤 것을 해야 하지?'에 관한 고민이 있어요. 왜냐하면 이제 기존의 운영에 치우친 채용 담당자 역할에서 조금 더 능동적인 형태로 빠르게 변화하고 있잖아요. 현재 과도기에 있는 것 같은데요. 그래서 그걸 어떻게 잘 풀어내서 채용과 채용 담당자를 대중에게 잘 알릴 수 있을지 고민 중이에요. 저는 계속 채용 일을 하고 싶은데, 그러면 내가 나를 봤을 때도 스스로 멋있어야 하고, 외부에서 보기에도 멋있어야 또 제가 멋있음을 느끼잖아요. 그래서 이런 인식을 만들기 위해 고민하고 있어요.

그래서 단순히 메시지를 던지는 역할에서 끝나는 게 아니라, 전략적으로 접근하고 소싱하는 게 필요한 것 같아요. 예를 들어 컨설팅 펌에서 사용하는 여러 가지 경영/분석 모델이 있거든요. 비즈니스 모델 캔버스도 있고요. 그런 분석 모델을 채용에도 적용할 수 있더라고요. 우리 회사의 강점을 파악하는 셀링 포인트를 잡는 지표로도 사용할 수 있어요. 소싱할 때 단순히 후보들한테 메시지를 던지는 일이라고 생각하지 말고, 전략적으로 접근할 수 있을지를 계속 고민하는 게 중요하다고 생각해요.

오히려 외부에 많이 보여지는 사내 문화나 인원 같은 내용은 검색하면 다 나오잖아요. 그런 것뿐만 아니라 실제 우리 회사의 비즈니스 모델 구조, 강점과 약점, 외부 환경 요소 등을 분석해서 셀링하면 더 전략적으로 접근할 수 있다고 생각해요.

Q : 채용 업무에서 가장 중요하게 생각하는 가치는 어떤 걸까요?

하늘 사람을 대하는 일이니만큼 사람에 대한 이해심이 가장 중요하다고 생각해요. 그래서 상대방에 대한 배려와 이해를 놓지 않으려고 하는 것 같아요. 구직을 하는 후보자는 인생을 바꾸는 기로에 서 있는 거잖아요. 후보자 관점에서 그분이 실제로 원하는 것과, 우리 회사에 오려고 하는 이유가 무엇인지 생각하면서 인간 대 인간으로 접근하려고 해요. 후보자는 우리에게 고객이잖아요. 그 고객을 행복하게 만들 수 있도록 이해심과 배려심을 놓지 않으려고 노력하고 있어요.

Q : 채용 담당자란 어떤 사람일까요? 학늘 '채용 담당자의 고객을 만족시킬 수 있는 사람'이라고 말할 수 있을 것 같아요. 채용 담당자의 고객이라면 지원자분들과 하이어링 매니저, 제가 지금 소속된 팀/조직이 있을 것 같아요. 현업 분들한테는 적시에 좋은 인재를 공급해드리는 게 첫 번째 목적이겠고요. 그러면서 채용이 얼마나 중요한 일인지를 계속 이해시켜주는 일이 채용 담당자의 중요한 역할이라 생각해요. 후보자 입장에서도 니즈를 충족시켜주면서, 경험하는 모든 프로세스가 매력적이도록 잘 전달해야 할 거 같아요. 결과적으로는 조직이 좋은 브랜딩이 될 수 있도록 돕고, 성장할 수 있도록 하는 것이 바로 채용 담당자라고 생각합니다.

브랜딩 관점에서는 채용 담당자가 브랜드 홍보 대사가 될 수도 있고요. 후보자 입장에서는 1 대 1 컨설턴트가 될 수 있고요. 채용 담당자는 너무나 다양한 이해관계자를 상대하기 때문에 역할이 너무 많아서 한 마디로 정의를 내리기가 힘들어요.

민아 제가 생각하는 채용 담당자란 회사 방향성에 있어서 최전선에 있는 사람이라고 생각해요. 회사는 항상 방향성을 바꿔 가잖아요. 방향성을 만들어나갈 때 채용이라는 일이 굉장히 중요한 키를 잡고 있다는 생각이 있거든요. 그렇기 때문에 사업 이해도도 높고, 조직 구조나 사내 문화도 가장 잘 알아야 하는 사람이 채용 담당자라고 생각해요. 결국, 회사와 채용, 그리고 '일' 그 자체에 대한 애정이 많아야 채용 담당자로서 즐겁게 일할 수 있는 것 같아요.

Q : 앞으로 어떤 채용 담당자가 되고 싶으신가요?

학늘 앞에서 말씀드렸던 것처럼 기본과 본질을 지키면서 채용이라는 일을 멋있게 만들 수 있는 역할을 하고 싶어요. 채용 담당자라는 직무와 채용이라는 멋진 일을 잘 알릴 수 있는 채용 담당자가 되는 거요.

민아 과거에는 채용 업무가 주니어 인사 담당자의 시작점에 있는 운영성 업무라는 인식이 있었잖아요. 최근에는 점점 더 채용 담당자의 업무가 고도화되고 있다고 느껴요. 제가 지금 채용 담당자로서 일할 때를 생각해보면 데이터 애널리스트의 역할도 있고, 마케터, 비즈니스 파트너, 협상가이기도 하거든요. 그래서 채용 담당자는 굉장히 많은 역할을 수행하고 있다고 생각해요.

한 가지 아쉬운 점은 채용 담당자에게 필요한 스킬이 무엇인지 물었을 때 커뮤니케이션 등 소프트 스킬에 그치는 경우가 많더라고요. 하지만 저는 툴을 다루거나 노무 지식 등 하드 스킬도 굉장히 필요한 직업이 채용 담당자라고 생각해요. 그래서 소프트 스킬과 하드 스킬을 다 잘 다루는 채용 담당자가 되고 싶은 꿈을 갖고 있어요.

Q : 어떻게 계속 채용에 즐거움을 느끼고,
어디서 원동력을 얻나요?

민아 이건 개인의 성향에 따라 다를 수 있다고 생각해요. 채용이 반복적인 업무라고 느끼는 분이면 2년 정도 일했을 때 다른 직무를 하고 싶다는 생각이 들 수도 있을 것 같아요. 하지만 저는 항상 채용 일이 새롭다고 느껴요. 예를 들면 같은 포지션의 채용을 진행하더라도, 그 사이에 회사와 시장 상황이 바뀌었고 경쟁사의 채용 현황도 달라지잖아요. 그러면 지원자 모수도 달라질 수 있고, 후보자의 상황도 이전과 전혀 달라져요. 그래서 채용을 시작하는 시점부터 완전히 새로운 사람들과 또 새로운 여정을 떠나는 과정이라는 생각이 들어서 저는 채용 업무가 항상 재밌었어요. 만약 채용 업무가 지루하다고 느껴지신다면 이렇게 한번 생각해보는 것도 도움이 될 것 같아요.

Q : 다른 채용 담당자에게 하고 싶은 말이 있을까요?

<u>하늘</u> 이미 꽃을 심은 곳에서 예쁘게 핀 꽃만 관리하는 채용 담당자가 아니라, 아무것도 없는 황무지에서 꽃을 피워내는 채용 담당자가 더 많아졌으면 좋겠어요. 아무것도 없는 황무지를 두려워하기보다는 땅을 다지고 씨앗을 심고 꽃을 피워내며 그 과정이 주는 즐거움을 온전히 느껴보셨으면 좋겠습니다! 능력 있는 정원사처럼요. 그리고 여러분이 지금 하는 이 채용 담당자라는 직업이 얼마나 멋진 일인지 모두가 알았으면 좋겠어요. 모두 엄청나게 멋있는 일을 하고 있으니까 자부심을 가졌으면 좋겠습니다!

찾아보기

번호
4C　　　　　　　　　　98

로마자

B
Back-end　　　　　　154
Behavior Event Interview
　　　　　　　　　　51
BEI　　　　　　　　　51
Booking.com　　　　143
Boolean Search　　　　89
Boston Consulting Group
　　　　　　　　　　30
Bryan Health　　　　　30
Business Model Canvas
　　　　　　　　　　100

C
Candidate Experience
　　　　　　　　　　124
Candidate Journey　　125

D
Data Engineer　　　　156
Dell Technologies Inc　27
DevOps　　　　　　　157
DigitalOcean　　　　　143

E
Employeencer　　　　213
Epam　　　　　　　　152
EVP　　　　　　　　　205

F
Front-end　　　　　　155

G
GDN　　　　　　　　183

H
Headhunter　　　　　187
Hiring Manager
　　　　　　　　21, 116

I
Interview　　　　　　48

J
JD　　　　　　　　　40

K
Kick-off Meeting　　　36
KPI　　　　　　　　　235

L
Lenovo Group Limited
　　　　　　　　　　28

P
Persona　　　　　　　107

R
Rapport　　　　　　　75

recruit　　　14, 90, 104, 232
Recruiter　　　　　　18
Recruiting Coordinator
　　　　　　　　　　27
Reporting Line　　　　95
Rockwell International　29

S
Screening　　　　　　46
Signature Performance, Inc
　　　　　　　　　　29
Sourcer　　　　23, 31, 81
Stack　　　　　　　　153
STAR 기법　　　　　　55
SWAN 공식　　　　　64
SWOT 분석　　　　　102

T
TA　　　　　　　　　18
Tencent　　　　　　　151
TO　　　　　　　　　14

V
Virgin Media　　　　　145

X
Xiaomi　　　　　　　18

한국어

ㄱ
개발 컨퍼런스　　　　174
개방형 질문　　　　　61
경영 성과급　　　　　72

271

관대화 오류	52
구조화 인터뷰	50
기본급	72
기술 스택	153

ㄴ

낙인 효과	52

ㄷ

다이렉트 소싱	81
대비 오류	52
대시보드	245
데브옵스 엔지니어	157
데이터 기반 리크루팅	241
데이터 엔지니어	156
델 테크놀로지스	27
디지털오션	143

ㄹ

라이브 코딩 인터뷰	170
라포	75
레노버	28
레퍼런스 체크	63
로블록스	220
록웰 인터내셔널	29
리드 타임	236
리커트 척도	60
리크루터	18
리크루팅 코디네이터	27
리크루팅 팀	22
리텐션 보너스	72

ㅁ

마윈	225
매스 채널	179
매슬로의 욕구 단계 이론	132
면접	48

ㅂ

백엔드	154
버진 미디어	145
보스턴 컨설팅 그룹	30
부킹닷컴	143
불리언 서치	89
브라이언 헬스	30
비구조화 인터뷰	56
비즈니스 모델 캔버스	100

ㅅ

사내 공모	198
사내 추천	193
사외 추천	197
사이닝 보너스	73
샤오미	18
서치펌	187
셀링	98
소서	23
소프트 스킬	250
스크리닝	46
스톡 옵션	18, 73, 74
스포티파이	221
시간적 근접 오류	52
시그니처 퍼포먼스	29

ㅇ

아틀라시안	219
알리바바	225
에어비앤비	140
유사성 오류	52
이탈률	240
이팸	152
인센티브	72
인재 전쟁	18
인터뷰	48
인프라 엔지니어	157
일론 머스크	223
임플로이언서	213

ㅈ

직무 기술서	40
직원 가치 제안	205

ㅊ

채용	13
채용 공고	44
채용 브랜딩	208
채용 채널	179
채용 프로세스	33
처우 협의	70

ㅋ

컨택	93
코딩 테스트	168
킥오프 미팅	36

ㅌ

타깃 채널	179
탤런트	18
테슬라	223
테크 리크루터	147
텐센트	151

ㅍ

페르소나	107
평가표	57
프런트엔드	155

ㅎ

하드 스킬	248
하이어링 매니저	21
해커톤	173
행동 사건 면접	51
헤드헌터	187
현업 담당자	21
후광 효과	51
후보자	21
후보자 경험	124
후보자 데이터베이스	87
후보자 여정	125